세상에서 가장 못생긴 개 우기

OOGY

Copyright ⓒ 2010 by Larry Levin
This edition published by arrangement with Grand Central Publishing, New York, New York, USA.
All rights reserved.
Korean Translation Copyright ⓒ 2011 by Book21 Publishing Group.
This translation is published by arrangement with Grand Central Publishing, New York, New York, USA.
through Imprima Korea Agency

이 책의 한국어판 저작권은 Imprima Korea Agency를 통한
Hachette Book Group USA, Inc와의 독점 계약으로 (주)북이십일에 있습니다.
저작권법에 의해 한국 내에서 보호를 받는 저작물이므로
무단전재와 무단복제를 금합니다.

기적을 선물한
세상에서 가장 못생긴 개 oogy
우기

래리 레빈 지음 | 한세정 옮김

21세기북스

헌사

제니퍼와 노아, 댄. 이들의 사랑과 믿음이 나를 살게 하고 지탱해 줍니다. 우리가 함께 보낸 즐거운 시간들에 깊이 감사합니다. 그 시간을 생각하면 나는 경이로울 뿐입니다.

헌신과 애정, 살아가는 힘을 함께 나눈 우기에게도 더 없는 감사의 마음을 전합니다. 우리 가족을 한 치의 망설임 없이 완전히 신뢰해 준 자체로 우리는 이미 모든 보상을 받았습니다. 우리의 마음과 영혼은 하나가 되었고, 그로 인해 삶은 더 아름다운 것이 되었습니다.

고통받는 동물들을 위해 애쓰는 모든 분들에게 감사드립니다. 버려지고 겁에 질린, 학대당하고 사로잡힌 모든 동물들에겐 따뜻한 보금자리가 필요합니다.

래리 레빈

차례

1. 정말 눈부신 아침이지? ⋯ 11

2. 어떻게 여기까지 왔을까? ⋯ 33

3. 쌍둥이를 만난 건 첫 번째 기적! ⋯ 55

4. 너를 만난 건 두 번째 기적! ⋯ 87

5. 두 번 다시 나쁜 일은 없을 거야 ⋯ 100

6. 개구쟁이 막내야! ⋯ 119

7. 오늘이 마지막인 것처럼 사랑해 ⋯ 132

8. 아픔은 여기서 끝내자 ⋯ 153

9. 우린 아주 특별하게 연결되어 있어 ⋯ 177

10. 다시 시작해 볼까? ⋯ 197

저자의 글 사랑은 마지막까지 첫 마음을 지켜 주는 것 ⋯ 208
옮긴이의 글 나를 부끄럽게 한 개, 우기 ⋯ 212

Oogy

1
정말 눈부신 아침이지?

"띠리링"

알람이 요란하게 울린다. 5시 30분. 무거운 눈꺼풀을 들어 올려 창밖을 보니 새벽이란 사실을 믿을 수 없을 정도로 어둡다. 자리에 누운 채 오늘 아침 해야 할 일을 재빨리 정리해 본다. 다행히도 아이들에게는 마쳐야 할 숙제나 코앞에 닥친 시험도 없고, 평소보다 일찍 학교에 갈 특별한 이유도 없다. 물론 온종일 해야 할 일이 산더미인 건 맞지만 적어도 지금 이 순간만큼은 알람 버튼을 살포시 누르고 10분간의 달콤한 잠을 더 즐겨도 된다는 뜻이다.

"띠리링"

이제 겨우 15초쯤 지난 것 같은데 무심한 알람은 다시 카랑한 목소리로 '이젠 정말 일어날 시간이야!'라고 소리 지른다. 몸을 일으켜 본다. 이런! 마치 깊은 물속에 잠긴 채 위로 떠오르려고 발버둥치는 것 같은 기분이다. 발가락과 손가락을 꼼틀거려 본다. 어디선가 이 동작이 잠을 깨는 데 도움이 된다는 글을 읽은 적이 있는데 정말 도움이 되는지는 잘 모르겠다. 위아래로 얼굴을 문지르며 눈을 비벼 본다. 이제야 정신이 조금 드는 것도 같다. 팔꿈치로 아내 제니퍼를 살짝 건드려 본다.

"딱 15분만……."

여전히 깊은 꿈속을 헤매는 듯 낮고 갈라지는 목소리로 그녀가 대답한다. 딱 15분만 더 잔다면 나도 더할 나위 없이 만족할 수 있을 텐데……. 그러나 알람이 소리 질렀듯 이젠 정말 일어나야 할 시간이다.

어둠을 헤치며 티셔츠와 양말, 운동복이 널려 있는 세탁실을 지나 욕실에 다다른다. 불을 켜고 이를 닦고 얼굴에 찬물을 끼얹으니 이제야 세상이 훨씬 밝아진 느낌이다. 여기저기 쌓여 있는 옷더미 사이에서 제일 깨끗해 보이는 셔츠를 꺼내 입는다. 그리고 다시 옷더미를 뒤져 역시 깨끗해 보이는 양말과 운동복 바지를 찾아 몸에 걸친다.

하루를 시작하기 위한 기본 준비를 마친 나는 문을 반쯤 열어

놓고 침실을 나왔다. 아래층 거실에서는 희미한 불빛이 새어 나온다. 그곳엔 긴 소파가 네 개 있는데 노아와 댄이 그중 한 곳에서 함께 잠들곤 했다. 우기 녀석은 그날의 기분에 따라 둘 중 한 명의 곁에서 함께 잠들었다. 아마 녀석들은 지난밤에도 이곳에서 잠들었나 보다.

계단을 내려온 나는 먼저 예전에 응접실이 있던 오른쪽 활짝 열린 문을 통해 아무도 없는 걸 확인하곤, 안쪽에서 새어 나오는 희미한 빛을 걷어내며 거실에서 벌어진 상황을 좀 더 자세히 살펴보기 위해 조명을 더 밝혔다.

바닥에 펼쳐 놓은 소파 위에 온몸을 쭉 펴고 담요로 몸을 둘둘 만 채 자고 있는 녀석이 보인다. 저런 자세라면 십중팔구 노아다. 그런데 우기의 모습이 보이지 않는다. 아무래도 뒤쪽 낡은 소파에서 자고 있을 댄의 옆자리가 지난밤 녀석의 잠자리였나 보다. 역시 녀석들은 예상을 빗나가는 일이 별로 없다. 몸을 길게 뻗고 한쪽 발로 댄의 어깨를 짚고 잠든 우기는 녀석들이 덮고 있는 흰색 이불보와 거의 구분이 되지 않는다. 세 녀석 모두 새벽이 오고, 내가 아침을 맞기 위해 얼마나 힘들게 잠자리를 떨치고 일어났는지는 아무 상관없다는 듯 뒤척임 하나 없이 깊이 잠들어 있다. 다시 조명을 줄여 주려다 아이들이라도 좀 더 잤으면 하는 마음으로 그냥 딸각 하고 꺼 버린다.

부엌으로 들어선 나는 언제나처럼 커피메이커에 물을 붓는다. 노란불이 들어 오고 물이 휘저어지면서 기운을 돋우는 커피향이 공기 중에 퍼진다. 그 향을 맡으며 날씨 정보를 얻기 위해 라디오를 켠다. 어린 시절부터 우리 집 한구석을 차지했던 이 라디오의 나이는 아마도 40은 족히 넘었을 것이다. 사실 어린 시절 우리 집 부엌에 놓여 있던 라디오가 왜 지금 여기 있는지는 영 모르겠다. 역시 오늘도 수신 상태가 좋지 않은지 지직거림과 함께 사람 목소리가 희미하게 흘러나온다. 마치 오래된 축음기판에서 나는 소리처럼.

다시 거실로 돌아와 방 전체 불을 반쯤 켠다. 이번에는 우기가 머리를 들고 나를 바라본다. 여전히 잠에서 덜 깬 것 같지만 녀석의 눈만큼은 마치 막 살아난 촛불처럼 반가움으로 빛나고, 꼬리는 소파에 가볍게 부딪혀 '탁탁' 소리를 낸다. 소파 팔걸이에 걸터앉은 나는 손가락으로 우기의 두꺼운 목을 샅샅이 따라가며 쓰다듬어 주었다. 가끔 나는 새삼스레 우기의 힘에 놀라고는 했다. 녀석의 어깨 사이 등뼈 맨 윗부분에 자리 잡은 부분에서는 뭐랄까, 온화한 성격과는 전혀 어울리지 않는 것 같은 단단한 힘이 느껴졌다.

"잘 잤니?"

녀석은 지난밤 꿈이라도 털어놓고 싶은 듯 더 힘차게 꼬리를 흔들어 보이며 내 가슴에 얼굴을 비비고, 만족스러운 듯 그르렁

거리는 소리를 낸다.

"착하지 우기. 그래, 착하다. 지난밤에도 아이들을 지켜줘서 고맙구나. 네 덕분에 걱정을 덜었어. 정말 고맙다, 우기. 오늘도 힘차게 하루를 시작해 볼까?"

우기는 고개를 번쩍 들고 귀를 쫑긋 세운다. 나는 한 손으로 녀석의 귀를 감싸 쥐고 부드럽게 어루만졌다. 귀에는 신경 말단이 많아서 귀를 문질러 주면 개의 온몸이 편안해진다고 한다. 우기에겐 귀가 하나 밖에 없으니 우리가 할 일이 줄어든 셈이다. 그런데 가끔 궁금할 때가 있다. 남아 있는 한쪽 귀만 어루만져 준다면 우기는 몸의 반쪽만 편안함을 느끼는 걸까? 만약 그렇다면 그건 아직 귀가 남아 있는 오른쪽일까? 의문들이 꼬리에 꼬리를 무는 데도 확실한 답을 내릴 수 없을 때면 아직도 우기에 대해 배워야 할 것들이 너무 많다는 걸 절감할 수밖에 없다.

"아직 흥분하긴 일러."

벌써 온몸에 혈기가 돌아 잔뜩 들떠 있는 녀석에게 살짝 주의를 주며 진정시켜 본다.

"알잖니? 나는 너랑 놀기 전에 해야 할 일이 아직 너무나 많단다."

내가 일어서자 우기는 부드러운 신음과 함께 몸을 한 번 쭉 폈다가 일어서더니 돌아서 다시 댄의 엉덩이 쪽으로 머리를 웅크려 말고 만족스러운 한숨을 내쉬며 눈을 감는다.

"녀석, 아직도 졸린 모양이구나?"

아이들은 여전히 죽은 듯 꼼짝도 하지 않고 있었지만, 안타깝게도 이젠 정말 깨워야 할 시간이다.

"자, 아침 먹어야지. 뭘 먹을래?"

아무도 대답하지 않는다.

"아침 먹을 시간이다."

이번에는 좀 더 크게 말한다. 짧은 웅얼거림만 들릴 뿐이다. 녀석들, 아무래도 밤을 꼴딱 새운 모양이다.

"뭘 드시겠습니까, 손님."

포기하지 않고 다시 한 번 큰 소리로 외쳐 본다.

"소리 지르지 마세요."

여전히 베개에 얼굴을 묻은 채 노아가 칭얼거린다.

"소리 지른 게 아니란다."

친절한 말과 함께 나는 정말 소리 지르는 게 어떤 건지 보여 주기로 했다.

"이런 게 바로 소리 지르는 거지!"

동시에 우기가 고개를 바짝 쳐든다. 마치 조금 전 나를 깨웠던 알람처럼 요란스럽게 아이들을 깨우는 내 목소리에 녀석은 걱정 반, 호기심 반인 것 같은 눈빛이다. 나는 혹시 녀석을 놀라게 했나 싶어 차분한 목소리로 설명했다.

"걱정하지 마, 단지 잠꾸러기 녀석들의 주의를 끌려고 그런 거란다."

우기는 그제야 안심된다는 듯 머리를 다시 베개에 뉘인다. 녀석의 하나뿐인 귀 역시 털썩 내려앉는 모습이 흡사 끈으로 조정하는 인형처럼 보였다. 귀여운 녀석!

아이들에게 원하는 아침 메뉴를 물어본 후 문을 나서며 TV까지 켜 주고, 부엌 뒤쪽 창문 너머로 밖을 힐끗 내다봤다. 햇살은 희미했고 비를 머금은 듯 보이는 하늘은 구름에 뒤덮여 있다. 하지만 날씨 걱정은 잠시 뒤로 미루고 본격적으로 아침 준비를 해야 할 시간이다. 냄비에 물을 채우고 우유와 약간의 소금을 더하고 건포도 몇 알을 떨어뜨린다. 물이 끓으면 바짝 말라 있던 건포도는 통통하게 불어날 것이다. 냄비 뚜껑을 잘 덮고 버너에 불을 붙이니 파란 불꽃이 멋지게 일어났다.

베이컨 네 줄을 꺼내 종이 타월 위에 가지런히 눕히고 잘 싸준 다음 전자레인지에 올리고 타이머를 맞췄다. 온 집안에 퍼지는 커피향이 다시 나를 들뜨게 한다. 이젠 우기의 아침 식사를 준비해야 한다. 밥그릇을 꺼내 물그릇 옆 바닥에 놓고 녀석이 좋아하는 사료를 부어 주었다. 이때 냄비의 물이 끓기 시작했다. 계핏가루 약간과 으깬 귀리를 넣고 저어 주다 내용물이 걸쭉해지자 버너의 불을 줄였다. 베이컨을 굽기 위해 전자레인지 버튼을 누르고, 오븐을 열어 머핀 두 개를 미끄러뜨리듯 집어넣는다.

오트밀이 담긴 노아의 접시에 설탕을 뿌리고, 조그마한 잔에 메이플 시럽을 담아 댄의 자리에 놓았다. 노아를 위해 크랜베리 주스 한 잔과 저지방 우유를, 댄을 위해서는 오렌지 주스와 '그냥' 우유 한 잔을 준비했다. 그리고 아이들에게는 멀티비타민 한 알씩을, 놀다가 무릎을 다친 우기를 위해서는 관절약 두 알을 준비했다. 문득 주방 전체를 오케스트라의 각 파트를 조율하듯 컨트롤 하고 있다는 생각이 들었다. 그렇다. 나는 아침 식사 교향곡의 거장이다!

가운 차림으로 제니퍼가 부엌을 어슬렁거리는 순간 커피메이커가 마지막 신음을 토해냈다. 아침 회의가 잡혀 있는 그녀는 아직 어떤 준비도 하지 못한 상태였다. 말하자면 그녀에게 허락된 시간은 커피 한 잔의 여유뿐이었다. 커피를 가득 붓고 우유를 더한 그녀는 아이들에게 아침 인사를 하고 바쁘게 2층으로 올라갔다.

나도 김이 나는 커피를 따라 본다. 쓰디쓴 블랙커피를 홀짝이자, 커피가 발끝까지 미끄러져 내려갔다가 다시 뇌로 치솟아 오르는 것 같은 전율이 느껴진다. 정신이 번쩍 들었다. 지금이야말로 내가 잠에서 '완전히' 깨어나는 순간이었다.

그때 타일 바닥에 발톱이 부딪쳐 나는 '톡톡' 경쾌한 소리가 들려 왔다. 녀석이 벌써 베이컨 냄새를 맡은 걸까? 고개를 들어 보니 역시나 문 앞에서 우기가 나를 올려 보고 있었다. 엄청나게 단단한 근육과 거대한 사각형의 가슴 때문에 녀석의 네 다리는 다소 우스꽝스럽게 구부러져 보였다. 다시 보니 발이 몸의 다른 부분에 비해 지나치게 커서 마치 커다란 신발을 신은 것도 같다. 우기가 다가와 내 다리에 머리를 기댄다. 아무래도 베이컨이 목적은 아니었나 보다. 이런 행동은 원하는 것이 있다는 것을 뜻한다. 나는 바로 녀석의 귀 뒤는 물론 예전에 왼쪽 귀가 있던 자리에 난 작고 검은 구멍까지 문질러 주고, 몸을 구부려 우기의 목에 코를 갖다 대며 단단한 양쪽 근육을 어루만져 준다.

"너는 정말 특별하단다. 아주 운 좋은 녀석이지, 안 그래? 물론 이상하게 들리겠지만 실제로 너는 아주 운 좋은 놈이야."

갑자기 장난기가 발동한 나는 한 마디를 덧붙였다.

"네 발은 정말이지 너무 뚱뚱해. 이 우스꽝스러운 발을 좀 보렴."

자신의 발이 우스꽝스럽다는 대도 마냥 좋은지 녀석은 꼬리를 더욱 힘차게 흔들어 댔다.

"모두가 아침 식사를 하고 나가면 다음엔 너랑 나랑 외출하는 거야. 어때? 맘에 드니?"

마치 애니메이션 〈이상한 나라의 폴〉에 나오는 개 돗페처럼 하늘로 훨훨 날아오르려는 듯 펄쩍펄쩍 뛰어오르던 우기는 그제야 밥그릇을 발견한 모양이었다. 갑자기 얌전해진 녀석은 몸을 숙여 음식 냄새를 맡으며 코를 벌름거렸다.

아이들에게 아침 식사를 주고 돌아오자, 우기는 어느새 뒷문 옆에 서서 나를 보며 짖고 있었다. 자신이 얼마나 나가고 싶은지 온 동네에 알리기로 작정한 듯싶었다. 저렇게 짖지 않으면 내가 자신을 알아채지 못하고 지나칠 거라고 생각하는 걸까? 40킬로그램이나 나가는 한쪽 귀 밖에 없는 개를?

"알았다, 알았어. 나가자! 하지만 먼저 이 마법의 목걸이를 걸어야지?"

몸을 구부려 이름과 전화번호, 광견병 예방주사를 맞았음을 알리는 목걸이와 함께 마당의 전기 울타리를 통과할 수 있는 빨간색 나일론 목걸이도 걸어 주었다.

"밖에선 항상 조심해야 한다는 걸 잊지 말아야 한다!"

밤이나 낮이나 우기가 밖에 나갈 때면 언제나 이렇게 몇 번을 당부했다. 아이들은 혼자 외출할 때 혹여 겪을 수 있는 위험한 상황에 대해 충분히 설명하고 단단히 준비시킬 수 있었지만 우기는 달랐다. 녀석에게 밖에서 일어날 수 있는 상황에 어떻게 대처하는 것이 유익한지 가르치는 건 한계가 있었다. 나는 녀석이 나쁜 일을 겪는 걸 두 번 다시 보고 싶지 않았다. 그러나 언제나 혈기

왕성한 녀석이 일단 문밖으로 나가면 어떤 일이 생길지 예측할 수 없었다. 그래서 우기를 내보내는 일에는 항상 강한 믿음과 용기가 필요하다. 오늘도 '대단한' 결심을 하고 문을 조금 열어 주자 녀석은 내 마음도 모르고 급한 마음에 머리부터 들이민다. 그러고는 코를 실룩대며 바깥공기를 들이마셨다. '음, 오늘은 날씨가 아주 좋군!' 하고 감탄이라도 하는 걸까? 녀석의 귀가 쫑긋 선다. 정체를 알 수 없는 위험한 소리라도 들은 것처럼, 혹은 없는 소리라도 찾아낼 기세로. 그러고는 몸을 꿈틀거리며 좁은 문을 통과해 마당으로 뛰어나간다.

그때 식사를 마친 아이들이 빈 그릇을 싱크대로 가져왔다. 내 아이들이라 하는 소리가 아니라 녀석들은 정말로 훤칠하고 건장한 청년들로 자랐다. 아이들의 키가 나보다 더 크다는 걸 깨달은 건 그야말로 '어느 날 갑자기'였다.

아기였을 때 사람들은 둘을 잘 구분하지 못했다. 유치원 친구들은 누가 누군지 알 수 없어 둘을 같은 이름으로 부르기도 했다.

"대니노아!"

그만큼 둘은 많이 닮았다. 길어지면 곱슬곱슬해지곤 하는 딸기처럼 강렬한 붉은 머리카락과 은초록 눈동자, 매끄러운 피부 결까지. 이따금 나도 놀랄 정도로 닮은 모습이었다. 이 둘을 구분하기 위해 사람들이 찾아낸 방법은 키와 몸무게였다. 물론 둘 다 훤칠

하지만 노아가 항상 댄보다 조금씩 키가 컸는데, 작년 들어 둘의 차이는 더욱 확연해졌다. 아내는 항상 이렇게 말하고는 한다.
"댄이 레슬링 선수로 뛰면서 체중조절만 하지 않았으면 노아만큼 클 수 있었을 텐데……."
라디오를 끄자 고요한 침묵이 부엌에 깔렸다. 적막 사이로 비추는 청회색 아침 햇살이 마음을 평온하게 하는 느낌이다. 느릿느릿 거실로 걸어가 지난밤 아이들 단잠의 증거인 흩뜨려진 베개와 이불을 정리했다. 어린 강아지였을 때부터 이불이며 매트리스를 물어뜯곤 했던 우기는 오늘도 변함없이 제 할 일을 했는가 보다. 거실 바닥은 이미 여기저기 이불에서 나온 잔재들로 장식되어 있었다. 나는 마치 케이크 부스러기처럼 흩어진 솜들을 일일이 주워 쓰레기통에 버렸다. 그때 뒷문이 열리고 우기가 복도를 따라 걸어 들어오는 소리가 들렸다. 나는 소파에 앉아 비어 있는 옆자리를 톡톡 쳤다.
"자, 이리와. 옳지!"
우기는 커다랗고 진한 눈동자로 내 얼굴을 뚫어져라 쳐다본 후 소파 위로 기어 올라와 왼쪽 몸을 소파 뒤에 붙이고 입맛을 다시듯 자기 입술을 몇 번 핥았다. 그러다 마침내 긴 숨을 내쉬며 내 무릎 위에 앉았다. 마치 충전을 하기 위해 세워둔 휴대전화처럼.
습관적으로 녀석의 귀를 문질러 주는데 사고 후 수술을 했던 녀석의 왼쪽 주둥이가 가볍게 씰룩거리는 게 보였다. 그럴 때마다 나는 우기가 지난날 겪어야 했던 아픔과 그럼에도 처음부터 우리에게 보여 준 깊은 신뢰에 날마다 새로운 경이로움을 느꼈다.

내 마음을 읽기라도 한 걸까? 갑자기 우기가 고개를 돌려 내 얼굴에 열정적이고 질퍽한 키스를 퍼부었다. 나는 조금은 과격한 이 사랑 표현을 피하려고 몸을 뒤로 뺐지만 녀석의 열정적인 키스를 피하기엔 속수무책이다. 개가 사람을 핥는 건 상대가 어떤 맛인지 궁금하기 때문이라고 한다. 하지만 우기는 우리가 어떤 맛인지 안 다음에도 결코 핥는 걸 멈추지 않았다. 아직 우리의 맛을 완벽하게 파악하지 못한 걸까? 제법 진지하게 고민하던 나와 아이들은 결국 이것이 일종의 녀석만의 사랑 표현 방식이라는 결론을 내렸다.

무슨 생각으로 다시 한숨을 내쉬는시는 모르겠지만 우기는 잠시 짧은 숨을 토해내고 머리를 소파 위에 기댔다. 그러다가 갑자기 머리를 쳐들고 밖을 향해 맹렬히 짖기도 했다. 실제로 무언가를 향해 짖는지 단지 어떤 상황을 상상하며 짖는 것인지는 알 수 없었지만, 분명한 건 이 집과 가족들을 지키려는 녀석의 충심 어린 표현이란 사실이었다. 나와 가족들은 언제나 녀석의 이런 노력과 마음에 감사했다.

아이들은 항상 책가방을 다 챙기면 다시 거실로 돌아와 10분 정도 TV를 보는데, 즐겨보는 프로그램이 끝날 때쯤이면 학교에 갈 시간이 된다. 녀석들은 신발을 신으면서까지도 화면을 계속 바라본다. 어쩌면 그런 모습도 쏙 닮았는지! 하지만 둘은 늘 그렇듯이 운동복 바지와 티셔츠만은 서로 다른 색깔로 챙겨 입었다.

그때 2층에서 쿵쾅거리며 바쁘게 내려오는 제니퍼의 발소리가 들렸다. 거실에 나타난 아내는 급하게 노트북과 커피를 챙기고 "다녀올게!" 한 마디를 남긴 채 눈 깜짝할 사이 부엌을 벗어나더니 어느새 차 문을 열고 있었다. 이따금 그녀가 발산하는 에너지는 우기 못지않다는 생각을 할 때가 있다. 그만큼 그녀는 바쁜 일상에도 언제나 힘이 넘쳤고, 나는 그 모습을 진심으로 사랑했다.

TV 시청이 끝났는지 운동복을 입고 책가방을 멘 아이들이 라크로스 채를 들고 서 있었다. 등교할 때 사용하는 차가 수리 중이었기 때문에 아이들은 버스를 타야 했다. 우기는 자신도 동행할 수 있는지 궁금해 하지만, 녀석은 나와 함께 부엌에 남아 버스를 타기 위해 뛰어나가는 아이들의 뒷모습을 바라봐야 했다.

"잘 다녀오너라. 연습 끝나고 보자."

"사랑해요!"

언제 들어도 달콤한 고백이었다. 아이들이 이 말을 나에게 이토록 또렷하게 말할 수 있다는 사실이 늘 놀라우면서 행복하다.

부엌에서 남은 뒷정리를 하는데 집 앞에 쓰레기차가 멈춰서는 소리가 들렸다. 우기는 내가 알아채기도 전에 벌써 억지로 몸을 밀어 뒷문을 열고 마당으로 돌진해 활기차게 짖어대고 있었다. 그 소리는 쓰레기 치우는 소리와 청소부들의 외침, 그리고 트럭의 엔진 소리와 뒤섞여 울려 퍼졌다. 녀석은 우리 집 쓰레기통을 비우는 청소부를 향해서만은 특별히 더욱 더 큰 소리로 짖어 댔다. 마치 이 일이 자신이 겪은 가장 대단한 모험이라도 되는 듯이. 남자도 그런 우기의 환영이 고마운 듯 쓰레기통을 비우는 내내 우기에게 말을 건넸다. 마침내 일을 모두 마치고 멀어지는 청소부들과 쓰레기차를 확인하고 나서야 우기는 다시 집으로 들어왔다. 그러나 그것도 잠시. 녀석은 내가 신발 신는 모습을 보자 더욱 흥분해서는 몸을 흔들며 짖기 시작했다.

"진정해, 우기. 신문을 가지러 가는 것뿐이야."

문밖으로 나오자 우기는 밴을 향해 내달리기 시작한다.

"못난이 개야, 그쪽이 아니라니까!"

이제야 내 말을 알아챈 우기는 편지함으로 향하는 동안 내 옆에 붙어 신이 나서 걷는다. 마치 자신의 용맹함을 행진을 통해 세상에 보여 주려는 병정들처럼. 녀석이 나를 바라보며 꼬리를 공중에서 커다랗게 몇 번 흔들어 주면 나는 걸음을 멈추고 이마를 쓰다듬어 주며 화답했다. 그럴 때면 자신의 몸을 나한테 더욱 바짝 붙이는데 그럼 나는 우기의 엉덩이를 '철썩' 하고 몇 번 쳐 준다.

"넌 정말 힘센 개라니까! 네가 옆에 있어 정말 든든해."

마당을 반쯤 지나 전기 울타리가 작동하는 지점에 이르자 우기는 멈칫했다. 그러고는 내가 편지함을 향해 걸어가 잔디밭에 떨어진 신문을 줍는 동안 그 모습을 뚫어져라 바라본다. 내가 집을 향해 올라오는 걸 확인하자 우기는 곧장 가지가 길게 늘어진 체리나무 아래에 섰다. 날마다 녀석은 이 일을 잊지 않았다. 아마 길고 가는 나뭇가지가 몸에 와 닿는 느낌을 즐기는 것 같았다. 그 기분을 어느 정도 만끽한 우기는 다시 일어나 내 옆으로 돌아왔다.

나를 앞서 가던 녀석은 무슨 꿍꿍이인지 오늘도 문 앞에 엉덩이를 붙이고 주저 앉아 버렸다. '문을 열어달라' 는 표현이다. 정말 이상한 건 자신이 급하거나 필요할 땐 머리로도 문을 열고, 늘 그렇게 해 왔으면서 가끔 이런 모습을 보인다는 사실이다. 우기는 아이들과 있을 때도 종종 이런 행동을 했다. 자신이 언제나 보호받고 있으며, 정말로 안전하다는 사실을 다시 한 번 확인하고 싶은 걸까?

커피를 따르며 혹시 아이들이 버스를 놓쳐 다시 돌아오지는 않는지 살펴봤다. 걱정대로 미안한 표정으로 돌아오는 녀석들이 보였다. 나는 아무 말없이 열쇠 꾸러미와 지갑을 챙겼다.

"미안해요, 아빠."

그런데 정작 우기는 눈치도 없이 신이 나서 껑충거렸다. 짤랑

거리는 열쇠 소리는 어딘가 차를 타고 간다는 사실을 뜻했고, 우기는 자신도 당연히 낄 거라 생각한 모양이었다.

"그래, 너도 가자."

나갈 준비를 하는 동안 우기는 재채기를 하며 머리를 흔들어 댔다. 그러다 댄이 전자 목걸이를 벗겨 탁자 위에 올려놓으면 다시 한 번 짖기 시작하는데 그 소리는 날카로우면서도 육중하게 울려 퍼졌다. 마치 부엌 바닥에 떨어진 쇠붙이처럼.

"왜 그래, 우기?"

댄이 우기 앞에 무릎을 꿇고 앉아 얼굴을 응시하고 녀석의 턱을 모아 쥐며 물었다.

"아무 일 없어, 응? 어서 가자."

댄이 일어나 문쪽으로 서자 우기는 그 옆을 지나쳐 돌진했다. 멀찍이 우리가 오길 기다렸다가 다 함께 밴으로 향하던 녀석은 오늘도 좌석에 오르기 전 망설이는 모습이 역력했다. 전에 몇 번 이유를 알 수 없는 사고가 있었기 때문이다. 전기 울타리에서 충분히 떨어져 있었음에도 울타리에서 나온 전파가 차체를 타고 우기의 목걸이에 충격을 주었던 것이다. 그때의 기억이 자꾸 떠오르는지 우기는 자동차에 가까이 가려 할 때마다 머뭇거리고는 했다. 물론 목걸이를 벗으면 절대 전기 충격을 받지 않는다고 이야기해 주었지만 녀석은 여전히 그 사실을 알지 못하는 것 같았다.

결국 우리는 항상 우기를 달래 차에 태울 수밖에 없었다. 애써 녀석의 육중한 앞다리를 좌석에 올려 주어도 우기는 몸의 뒷부분을 들어 올려 주길 기다렸다. 내가 늘 올려 주었기 때문인지, 밴에 오르는 것이 수술한 뒷다리에 부담을 주기 때문인지 확실히 알 수는 없었다. 하지만 그렇게 해 주지 않으면 녀석은 내가 올려 줄 때까지 앞다리를 좌석에 걸친 채 하염없이 기다릴 거란 건 확실했다.

"출발!"

댄이 마치 커다란 함선의 선장이라도 되는 듯 크게 외치며 조수석에 올라타면, 뒷좌석에는 노아가 타고 우기는 앞좌석 팔걸이 위에 앞다리를 올려놓고 뒷다리로는 바닥을 딛고 섰다. 다소 불안해 보이는 자세이지만, 녀석에겐 바깥 세상을 구경하기 가장 편한 자세인 듯싶었다. 10분간의 여행 내내 우기는 마을 풍경을 모두 외워 버리려는 듯 창밖을 응시하다가 아이들이 내리면 잽싸게 조수석으로 기어왔다. 그러고는 앞발을 손잡이에 걸치고 상체를 창문 밖으로 쑥 내미는데, 그러면 녀석의 귀는 집에 오는 내내 깃발처럼 바람에 펄럭였다.

집에 돌아오면 우기는 어젯밤 먹다 남겨둔 뼈를 찾으러 온 방을 헤집고 다닌다. 그 사이 나는 2층에 올라가 샤워를 하는데, 샤워를 마치고 침실로 들어가면 우기는 이미 침대 위에 자리를 잡고 누워 내가 출근 준비하는 모습을 눈으로만 좇았다.

"일하러 가봐야 해. 안 됐지만 어쩔 수 없단다."

방을 나서자 따라 일어난 우기는 내가 계단에 발을 디디자마자 쏜살같이 먼저 내달린다. 계단 아래에서 기다리고 있던 녀석은 마치 한몸처럼 내 옆에 꼭 달라붙어 움직였다.

마지막 잔이라 다짐하며 다시 커피 한 잔을 더 따라 소파에 엉덩이를 걸치면 우기는 마치 우주의 법칙처럼 어긋남 없이 내 옆에 와서 앉는다. 이렇게 오직 단둘이 몇 분간 함께 시간을 보내는 건 나와 우기가 아침마다 치르는 의식이었다. 넓디넓은 가슴팍을 따라 느릿느릿 손가락을 움직이는 동안 우기는 그렇게 내 옆에 앉아 있었다.

바깥에선 다시 무언가 녀석의 주의를 끈 모양이었다. 우기의 시선은 집 밖 쥐똥나무 너머로 향했다. 몇 번 더 주위를 둘러보더니 호기심이 풀렸는지 다시 내 무릎을 베고 누웠다. 나는 우기가 커다란 몸을 쭉 펴는 모습을 아주 좋아했다. 여유롭고 편하며, 안전하다고 느끼는 것처럼 보였다. 이런 모습을 볼 때면 나와 우리 가족은 저 녀석을 위해 무언가를 할 수 있었던 것에 새삼 감사했다.

잔뜩 늘어진 녀석의 무게를 느끼며 한쪽 귀가 있던 자리를 손가락으로 빙빙 원을 그리며 문질렀다. 한동안은 녀석이 이 자리를 긁어대 감염된 적이 있었는데 요즘은 다행히도 그 일을 멈췄다.

매일 아침 이 시간은 우기도 나도 모든 것이 완벽하게 평온해지는 순간이었다. 마치 만화영화 속 장면처럼 정신없이 바쁜 아침 시간이 지나가고 겨우 찾아온 우리 둘만의 여유를 만끽하는 것이다. 나는 우기가 불편해하지 않도록 조심스레 몸을 움직이며 업무에 필요한 전화 통화를 하고, 보내야 할 이메일과 편지를 썼다. 노아의 라크로스팀에 보낼 서류도 부쳐야 했다. 물론 어젯밤 잊지 않고 가져나갈 수 있도록 서류 위에 열쇠 꾸러미를 올려놓기도 했지만 그래도 다시 한 번 확인하는 걸 잊지 않는다.

우기는 가볍게 콧소리를 내며 긴 숨을 토해냈다. 나는 녀석의 왼쪽 귀가 있던 구멍 바로 뒤에 입술을 갖다 대고 목을 향해 입김을 내뿜었다.

"착하지, 우기. 그래, 그래, 우리 우기."

집을 나설 때 개는 주인이 다시 돌아올 거란 사실을 알지 못한다고 한다. 그래서 나는 늘 우기에게 반드시 돌아올 거란 사실을 몇 번이고 말해 주었다.

"걱정하지 마. 지금은 일하러 나가야 하지만, 오후에는 너와 함께 산책하기 위해 돌아올 거야."

모든 것은 우기를 위해서였다. 녀석의 상처를 보듬고 안심시키는 일은 우리 가족 모두에게 굉장히 중요한 일이었다. 그런데도 때때로 주의를 기울지 못해 녀석의 정수리에서 아래턱에 이르는 수술 자국을 만질 때면 내 가슴은 철렁하고 너무 미안해졌다.

우기는 어느새 큰 소리로 코를 골며 잠들어 있었다. 이런 모습조차 나는 너무 감사했고, 녀석이 겪지 않았다면 좋았을 아픔과 함께하는 내내 녀석이 우리에게 되돌려 준 사랑을 생각하면 가슴이 벅차올랐다.

우기가 우리와 함께 살기 시작하고 몇 달 후, 노아가 녀석과 나란히 누워 나를 올려보며 이렇게 말한 적이 있다.

"우기가 당한 일을 생각하면 지금도 마음이 너무 아파요. 하지만 그 일이 일어나지 않았다면 우린 우기를 만나지 못했겠죠?"

우기가 겪은 최악의 사건은 또한 최고의 사건이기도 했다. 이것은 굉장히 모순되지만, 분명한 사실이기도 했다. 녀석은 싸우려 하지 않는 투견이었다. 그런 성품 때문에 상상할 수 없을 정도로 끔찍한 경험을 해야 했다. 하지만 그 성품은 끔찍한 세상에서 우기를 구원한 원천이기도 했다.

이 책은 우기의 이야기다. 그가 겪은 일은 사실 매우 진기한 것이다. 그걸 온전히 다 전달하려면 다른 많은 이야기가 얽히고설킨다. 우기를 구조한 사람들과 우리 가족을 비롯한 그에게 사랑을 베푼 모든 이들의 이야기가 필요하다. 우기의 이야기를 들은 사람들은 그의 타고난 온순함과 고상한 태도에 깊은 감명을 받는다. 또한 우기의 이야기는 애완동물을 구조한 경험이 있는 수많은 사람의 노력을 대표하는 것이기도 하다.

"이제 함께 있으니 된 거야, 안 그래?"

우기의 다리에서 경련이 일었다. 틀림없이 힘껏 달리는 꿈을 꾸는 것이리라. 그 장면을 상상해 본다. 늘 보아 온 그 모습을. 어느 화창한 날 늦은 오후, 우린 개들을 위한 공원에 와 있다. 바짝 마른 잔디가 바람에 살랑거린다. 장난치며 놀고 있는 다른 많은 개들을 지나 우기가 테이블로 다가온다. 나는 우기의 머리를 쓰다듬는다. 일그러진 얼굴이 마치 웃는 것 같다. 어쩌면 그는 정말로 웃고 있는지도 모른다. 손가락으로 머리 양 옆을 매만져 준 다음, 코에 입을 맞춘다.

"가서 좀 더 놀렴. 아가야."

우기는 함께 놀 개를 찾아 몸을 돌린다.

2
어떻게 여기까지 왔을까?

"당시 경찰이 마약 밀거래 용의자들을 체포하기 위해 현장을 급습했다가 우기를 발견했답니다. '지역동물학대방지협회'(이하 SPCA)의 요청에 따라 이곳으로 강아지를 옮긴 거죠."

나는 수년 동안 우기가 아드모어 동물병원으로 오게 된 이유에 대해 녀석의 수술을 집도하고 생명을 구해 준 제임스 비앙코 박사의 이야기를 있는 그대로 받아들였다. 우리에게 중요한 건 우기가 어떻게 이 병원에 오게 되었는지가 아니라 녀석이 목숨을 건지고 이 순간 우리와 함께하고 있다는 사실이었기 때문이다. 그렇기에 이미 들었던 설명에 의문을 제기할 이유는 전혀 없었다. 그런데 우기 사건에 강한 호기심을 보이는 신문기자 친구 녀석 때문에 나 역시 녀석이 우리 집에 오기까지 정확히 어떤 일을 겪었는지 궁금해지기 시작했다. 경찰이 급습했던 현장에서는 어떤 일이 있었는지, 녀석은 어쩌다가 이렇게 끔찍한 상처를 입게 되었는지 우기의 모든 것에 대한 진실을 있는 그대로 알고 싶었다. 물론 모든 걸 밝혀내는 과정은 쉽지 않았다.

투견 현장을 급습할 때 경찰과 SPCA가 함께 움직이는 건 흔히 있는 일이다. 그곳에는 으레 마약이나 무기, 미신고 현금 거래와 같은 불법행위가 동반되기 때문이다.

마약 밀거래 꾼이 투견 판을 벌이는 이유는 대개 돈을 위해서지만 때로는 단지 세를 과시하기 위해 개싸움을 붙이는 일도 빈번하다. 이때 개들은 마약을 보호하거나 경쟁자를 겁줘 쫓아버리는 데 이용되기도 한다. 이들은 이렇게 추악한 방법으로 한 해 5천억 달러가 넘는 불법 수익을 올리고 있다. 그런데 안타깝게도 이 불법 산업은 근절되기는커녕 점점 그 세가 확장되고 있다.

일단 투견 판에 끌려 온 개들은 주인의 배를 불리기 위해 인간이 상상할 수 있는 가장 끔찍한 삶을 살게 된다. 녀석들은 성난 야수처럼 길러지고, 부상을 당해도 기본적인 치료조차 받지 못할 때가 잦다. 불쌍한 개들은 스파르타쿠스의 검투사처럼 가장 야만적인 조건에서 교배되고 사육되며 훈련된다.

최근 상당한 규모의 재정을 기반으로 한 새로운 형태의 투견

사업이 등장하고 있다고는 하지만, 어떤 형태로든 투견 판이 존재하는 한 앞으로도 많은 가엾은 생명들이 비참한 현장에서 끔찍하게 희생되는 일을 막기는 힘들 것이다.

투견 판에 끌려간 개들 대부분은 싸우다가 희생당하기도 하지만 싸우려 들지 않거나 경기에서 진 투견들도 다양한 방법으로 희생되고 있다. 그중 몸집이 작은 투견용 개 핏불종인 우기는 싸움을 피하다가 사람들에 의해 미끼로 사용된 것 같았다. 이런 개들은 총에 맞거나 익사 당하고, 두들겨 맞거나 감전사하고, 교수형이나 칼에 찔린 채 버려지기도 한다. 또 어떤 개들은 우기처럼 다른 개에게 던져져 갈기갈기 물어뜯기기도 한다. 믿기지 않겠지만, 아니 믿고 싶지 않겠지만 지금 이 순간도 인간들의 탐욕으로 물든 투견 판에서는 소중한 생명들이 영문도 모른 채 매일 죽어나가고 있다.

만약 경찰이 SPCA와 동행하지 않은 현장 급습에서 투견을 발견하면 협회로 보내는 게 원칙이다. 그러나 SPCA에 따르면 그날 경찰은 협회에 오지도, 현장에서 발견한 개를 아드모어 동물병원으로 보내지도 않았다고 한다.

우기가 구조될 당시 그 지역에서 근무시간 후에도 응급처치를 실시하는 병원은 아드모어 동물병원이 유일했다. 그러니 아마도 경찰은 몽고메리 카운티 SPCA에 연락했을 것이고, 그곳에서는 우기를 아드모어 동물병원의 응급실로 이송하라고 지시했을 것이다. 근무 시간이 지났기 때문에 응급처치를 할 수 있는 의사가 없었을 테니 말이다.

하지만 몽고메리 카운티 SPCA에는 이 일에 대한 기록이 남아 있지 않았다. 후속 조치에 대한 기록도 마찬가지였다. 담당자가 어떤 식으로든 일을 처리했다면 기록은 반드시 남아 있어야 했지만 우기가 발견된 주에는 현장에서 데려오거나 경찰에게 인도받은 투견이 없었다고 한다.

나는 담당자에게 어째서 급습 현장에서 우기만 발견되었는지 물었다. 우기를 미끼로 사용했다면 거기엔 다른 개들도 있어야 말이 되었다. 담당자의 예상은 이러했다.

"주인들은 흔히 개들을 그냥 버려두고 갑니다. 개를 잃어버리면 동물 학대 혐의에서도 벗어나게 되니까요. 대개 개들은 며칠 후 나타납니다. 길을 잃은 상태거나 누군가에게 붙잡힌 후죠."

현장에서 또 다른 개가 발견되지 않은 데에 다른 이유가 있을 수 있다는 사실을 알게 된 건 시간이 훨씬 지난 후였다. 투견으로 쓰는 개들은 종종 투견 현장과 다른 곳에서 사육되는데, 주인들은 투견을 제대로 돌보지 않기 때문에 종종 버려진 창고나 집 같은 곳에 갇혀 지낸다. 만약 개들이 발견되더라도 주인이 누구인지 알 수 없게 하려는 속셈이었다. 또한 경찰의 추적을 피하려고

그들은 정기적으로 훈련 장소와 투견 판을 옮기기도 했다.

어쩌면 우기는 공격을 당한 후 버려졌을 수도 있다. 녀석이 발견된 집에는 다른 개들이 한 마리도 없었기 때문에 누군가 죽어 가는 우기 곁을 지키고 있었을 가능성은 낮다. 특히 자신들이 철저히 학대한 동물 곁을 말이다.

몽고메리 카운티 SPCA가 경찰에 연락했다는 기록이 없기에 우기가 어떻게 병원에 오게 되었는지 설명할 수 있는 방법은 한 가지뿐이었다. 물론 순전히 추측에 근거한 것이긴 하지만, 아마도 녀석은 지역 경찰의 순찰이나 현장 급습 중에 발견된 것 같았다. 동물을 사랑하는 어떤 경찰이 심하게 다쳐 죽어가는 어린 강아지를 발견했고, 강아지를 살리기 위해 아드모어 동물병원으로 데려가지 않았을까? 이것은 비앙코 박사의 회상과도 일치했다. 지역 경찰은 분명히 아드모어 동물병원이 근무시긴 이후에노 응급처치를 해 준다는 사실을 알고 있었을 것이다.

왜 다른 투견들이 우기를 공격했으며, 상대를 죽이도록 훈련받은 개들이 왜 녀석을 죽이지 않았는지는 알 수 없었다. 게다가 우기가 발견되고 몇 년 후 응급실이 문을 닫았고 응급실의 모든 기록 역시 사라졌기 때문에 당시 어떤 경찰이 우기를 데려왔는지에 대한 기록이 있었는지조차 알 수 없었다. 병원에서는 아마도 따로 경찰의 이름이나 부서를 기록하지 않았을 거라고 한다. 치료와는 직접적인 관련이 없는 내용이기 때문이다. 나는 우기의 행적에 대해 조금이라도 더 알아내기 위해 그날 밤 응급실을 지켰던 의사 두 명에 대한 정보도 알아내려 했지만 그것마저 쉽지 않았다.

결국 경찰이 어떻게 마약 밀거래 현장에 가게 되었고, 그곳이 정확히 어디이며, 현장에서 어떤 일이 일어났고, 무엇이 발견되었는지는 밝힐 수 없었다. 그때 현장에 있던 사람들도 어떻게 되었는지 몰랐다. 개 주인은 결국 우기를 죽이지 않았음에도 왜 다른 개들에게 공격당하는 녀석을 내버려 뒀는지, 우기가 정확히 어떤 고통을 당하고 얼마나 오랫동안 우리에 갇혀 있었는지도 마찬가지다. 그러나 뜻밖의 수확도 있었다. 경찰이 우기를 구조한 뒤 녀석이 살아난 데에는 한 여인의 역할이 컸다는 것이다.

너무 심한 부상을 당했던 우기를 두고 모두 가능성이 없다고 고개를 저을 때 그녀만은 작은 강아지를 그냥 죽게 내버려 두는 걸 끝까지 반대했다고 한다. 그녀의 이름은 다이앤 클레인. 현재 아드모어 동물병원의 행정관리자로 일하고 있었다.

다이앤 클레인은 대학을 졸업하자마자 비앙코 박사와 일을 시작했고, 일 년 뒤 박사가 아드모어 동물병원을 열자 두 사람은 밤낮없이 일했다고 한다. 병원에서 나오는 수입으로는 박사의 가족도 먹고 살기 힘들 정도로 어려웠지만, 개원 후 2년 동안 다이앤

은 병원 2층에 있는 방에서 쪽잠을 자며 혼자서 병원 살림을 도맡아 했다. 고지서를 처리하고 병원 물품을 주문하고 관리했으며, 시간이 날 때면 동물들의 발톱도 깎아 주었다. 그녀는 비앙코 박사의 가장 명석한 조수이자 든든한 비서였다.

비앙코 박사와 다이앤은 일을 열심히 하는 것 외에도 공통점이 있었다. 두 사람은 모두 아픈 동물을 보면 그냥 지나치지 못했다. 동물을 도울 수만 있다면 어떤 일이라도 할 사람들이었고, 서로의 판단을 완전히 신뢰했다. 이들의 철저한 직업정신과 헌신적인 열정 덕분에 아드모어 동물병원은 전국적인 명성을 얻을 수 있었다.

비앙코 박사는 말한다.

"다이앤은 개들과 아주 특별한 친밀감을 느낍니다. 그건 아무에게나 주어지는 재능이 아니에요."

잠시 이야기를 멈추고 생각에 잠겼다가 박사가 말을 이었다.

"이쪽 분야에는 사람보다는 개들을 대하는 게 편한 사람들이 많이 모입니다. 그런데 다이앤은 동물을 아주 사랑하면서도 사람들과 잘 지내죠. 물론 동물을 헌신적으로 돕다 보니 부하 직원에게 요구가 아주 많은 상사이기도 하지만요."

그러다 박사는 오해 말라는 듯 손사래를 치며 말했다.

"그렇다고 직원들이 다이앤을 두려워하는 건 아니에요. 오히려 그녀에게 아주 건강한 존경심을 품고 있죠. 그녀는 다른 누구보다 자신에게 가장 엄격한 상사거든요."

다이앤은 자신에 대해 이렇게 말했다.

"전 아주 목소리가 큰 동물권리 주창자입니다. 아마도 제 안엔 이탈리아인의 피가 흐르는 게 틀림없어요. 동물을 학대하는 사람을 참아 줄 마음이 전혀 없거든요. 그들을 논리적으로 설득할 능력도 없고요. 그런 사람들은 도무지 이성적으로 대할 수가 없어요. 저도 그들도 이성이라고는 없는 사람들이니까요. 전 차라리 망치를 들고 그들을 쫓아갈 겁니다."

마지막 한 마디에 잠시 움찔하기도 했지만 그만큼 그녀는 동물을 사랑했다.

2002년 12월 16일 월요일.

그날은 다이앤이 가장 사랑한 반려견 매디가 죽은 지 2년이 되는 날이었는데 녀석은 다이앤과 13년을 함께하다 암으로 세상을 떠났다고 한다. 다이앤과 남편은 작년처럼 매디의 모습이 담긴 비디오테이프를 함께 보며, 녀석의 익살스러운 모습에 함께 웃었다. 그러나 테이프가 다 돌고 더는 아무런 장면도 나오지 않자 두 사람은 그동안 참아왔던 매디에 대한 그리움과 상실감으로 눈물 흘리며 서로 위로했다.

다음 날 출근길에도 다이앤은 녀석에 대한 생각을 떨쳐버릴 수 없었다. 너무나 사랑스러웠던 매디의 모습이 떠올라 마음을 다잡기가 어려웠다. 병원 뒤편 나무가 늘어선 조용한 길에 차를 세우고, 뒷문을 통해 병원으로 들어간 그녀는 언제나처럼 응급실에 실려 온 동물이 있는지 확인하기 위해 진료실에 가장 먼저 들렀다.

 진료실에 들어서자마자 그녀의 눈에 가장 먼저 들어 온 건 작은 우리 안에 누워서는 발 사이로 머리를 내보이고 있는 하얗고 작은 강아지였다. 녀석의 머리는 피가 얼룩진 흰 거즈로 싸여 있었다. 아마도 머리 왼쪽이 무언가로 베어진 것 같았다. 강아지의 몸에도 검게 말라붙은 핏자국이 군데군데 점처럼 박혀 있었고, 얼굴과 거즈로 덮지 않은 쪽의 머리에는 피고름이 맺힌 구멍과 깊게 베인 상처가 가득했다. 보호자가 없어 수술비용을 낼 수 없는 개이기 때문에 응급실에서 적절한 조치를 받지 못하고 있었다. 다이앤의 마음은 부글부글 끓어 오르기 시작했다.

 강아지도 그녀의 마음을 아는지 고개를 늘고 오른쪽 귀를 쫑긋 세웠다. 녀석은 커다랗고 깊은 눈으로 그녀를 바라보았고, 그녀 역시 도저히 눈을 뗄 수 없었다. 마치 얼어붙은 것처럼 그 자리에 서 있는 동안 강아지는 몸을 일으켜 세우기 위해 안간힘을 썼고, 재채기하며 머리를 흔들자 반창고 아래로 핏방울이 뚝뚝 떨어졌다. 그리고 도저히 믿기 어려운 일이 일어났다. 녀석이 꼬리를 흔들기 시작한 것이다!

 다이앤은 몸을 구부려 강아지를 바라보았다. 둘 사이의 거리는 불과 1인치도 안 되었다. 핏불이 섞인 종 같았다. 그러나 부어오르고 일그러진 머리 때문에 정확히 알아보기 힘들었다. 그녀는 잠시 매디를 떠올렸고, 다시 눈앞의 강아지를 바라보았다. 몸을 꼿꼿이 세운 채 그녀의 눈동자는 강아지를 떠날 줄 몰랐다.

"도대체 어떻게 된 일이죠?"

도전적인 그녀의 음성에 의사는 약간 놀란 듯 상황을 파악하기 위해 고개를 들었다.

"경찰이 데리고 왔어요. 현장에서 잡아 왔는데 투견들의 미끼로 사용하던 개 같아요."

강아지는 등을 기대고 앉아 다이앤을 바라보았다. 검고 커다란 코가 그녀 옆에서 씰룩대고 있었다. 우리에 붙은 녀석의 신상에 의하면 녀석은 핏불 혹은 핏불이 섞인 종이었고 어제 이곳에 들어왔다. 의사는 강아지의 나이를 생후 3, 4개월로 추정했지만 다이앤은 그보다 더 어릴 거라고 생각했다.

차트를 자세히 살펴보니 눈에 보이는 머리 부상 외에도 강아지는 훨씬 더 심하게 훼손된 상태로 왼쪽 귀와 얼굴의 많은 부분이 물어 뜯겨 없어진 상태였다. 당연히 말로 표현할 수 없는 엄청난 고통을 느끼고 있을 텐데도 놀랍게도 강아지는 아파하는 티를 전혀 내지 않고 있었다. 무엇보다 놀라운 것은 그런 일을 겪고도 다이앤이 다가오는 것을 두려워하지 않는 것 같았다! 녀석은 그저 몸을 일으켜 세운 채 조용히 그녀를 바라보고 있었다.

응급실 간호사는 강아지의 얼굴에 난 가장 큰 상처를 소독해주고 쇼크를 우려해 스테로이드 주사를 놔주었다고 했다. 그러나 수혈을 하거나 실질적인 치료는 없었다. 아마도 단지 목숨만 이어갈 수 있도록 최소한의 조치만 했을 것이다. 주인 없는 개이니 누군가가 의사에게 책임을 물을 일도 없었고, 치료비를 내 줄 사람 또한 없었으니 말이다. 의사는 강아지를 SPCA로 보낼 계획이라고 했다. 그러나 녀석이 그곳으로 옮겨진다면 보나마나 안락사를 당할 터였다. 절대 녀석을 죽게 내버려 둘 수는 없었다.

너무나 상냥하고 기품이 있는 강아지였다. 그리고 이 작은 강아지는 이미 너무 많은 고통을 당했다는 것이 빤히 보였다. 강아지를 구하려면 얼마나 많은 반대에 부딪히게 될지 잘 알고 있었다. 그러나 다이앤은 절대 포기할 수 없었다. 어떤 시도라도 해 보고 싶었다.

우선 의사에게 강아지를 자신에게 양도해 달라고 부탁했다. 주인이 없는 강아지이기도 했지만, 일단 강아지를 누군가에게 넘기면 그와 관련한 모든 의무에서 벗어날 수 있었기 때문에 의사는 쉽게 동의했다. 아침 회진을 돌기 위해 비앙코 박사가 내려오자 다이앤은 재빨리 다가가 거의 숨도 쉬지 않은 채 말을 쏟아냈다.

"도움이 필요해요. 주말에 이곳에 왔는데 투견들에게 미끼로 사용된 어린 강아지예요. 불쌍하게도 얼굴의 반이 날아가 버렸어요. 경찰이 이곳에 데려왔는데 응급실 의사가 강아지를 SPCA로 보내려고 해서 제가 양도 받았어요. 아시는 것처럼 거기 가면 이 가엾은 녀석은 분명히 안락사를 당할 거라고요. 아주 귀엽고 상냥한 개인데 너무너무 안 됐어요. 녀석을 꼭 살리고 싶어요."

"맙소사, 다이앤!"

누구보다 다이앤의 마음을 잘 알고 있는 박사였지만 이번엔 고개를 내저을 수밖에 없었다. 그녀는 간절한 눈빛으로 박사 바라보기를 멈추지 않았다.

"이번엔 정말 안 돼."

그러나 잠시의 시간이 흐르고 한숨을 내쉰 박사는 얼굴에 미소를 띠며 말했다.

"내가 자네를 어떻게 이기겠나. 일단 가보자고."

진료실에 도착한 박사는 수술용 고무장갑을 양손에 끼고 우리 문을 열었다. 먼저 강아지를 진료대 위에 올려 놓고 움직이지 못하게 강아지의 머리를 왼팔로 부드럽게 안아 쥐더니 서랍에서 가위를 꺼내 반창고를 잘라냈다. 그러고는 오른쪽 발로 페달을 밟아 진료대 끝에 놓인 쓰레기통 뚜껑을 열고 거즈와 반창고 뭉치를 던져 넣었다. 그것들은 마치 석회로 만들어지기라도 한 듯 '쿵!' 하고 둔탁한 소리를 내며 쓰레기통 바닥으로 떨어졌다. 상처에서 나온 분비물로 흠뻑 젖은 채로 굳어버렸기 때문이다.

박사는 강아지를 진정시키고 두려움을 없애기 위해 옆구리를 부드럽게 어루만졌다. 어린 강아지는 어떤 저항도 하지 않았다. 박사 역시 이런 강아지의 태도에 매우 놀랐다. 그동안 겪은 고통과 슬픔, 사람들에게 당했을 잔혹한 학대에도 강아지는 불안을 느끼지 않는 것 같았다. 녀석은 마치 지금 자기를 둘러싼 사람들은 전에 만난 사람들과는 아주 다르다는 걸 이해하는 것 같았다. 태어나서 단 한 번도 친절한 인간을 만나본 적이 없었을 텐데도!

영양실조 때문에 강아지의 갈비뼈는 툭 튀어나와 있었고, 가쁜 숨을 쉬면서도 더 많은 공기를 들이마시기 위해 입을 벌리지 않았다. 게다가 머리와 목에는 상처부위에서 흘러내린 갈색으로 변한 피가 잔뜩 들러붙어 있었다. 그의 모습은 정말이지 너무나 끔찍하게 훼손되어 있었다. 오른쪽 얼굴과 머리에는 감염된 상처로 구멍이 여기저기 나 있었고, 왼쪽 얼굴과 이마는 온데간데없었다. 주둥이 바로 뒤부터 본래 왼쪽 귀가 있던 부위에 걸쳐 푸른빛을 띤 누르스름한 고름이 맺혀 있었고 여전히 피가 줄줄 흘러내렸다.

상처 부위는 완전히 감염된 것 같았다. 왼쪽 귀가 있던 자리에 남은 것이라고는 들쭉날쭉한 그루터기 같은 살점뿐이었고, 상처 구멍을 둘러싼 조직은 이미 괴사해 검게 변해 있었다. 썩은 살점에서 풍기는 악취는 마치 며칠 동안 햇볕에 내놓은 고깃덩어리에서 나는 냄새 같았고, 이마 쪽 정맥은 갈기갈기 찢겨 있었다. 그런데도 믿기 힘든 일이었지만 이 엄청난 고통 속에서도 강아지는 좀처럼 아픈 티를 내지 않았다.

진찰 결과와 부상 정도, 감염 상태로 미루어 강아지는 닷새에서 이레 동안 아무런 치료도 받지 못하고 방치되었던 것 같았다. 박사도 다이앤도 이 작은 강아지가 혼자 견뎌야 했을 고통을 상상조차 할 수 없었다. 내내 피를 흘렸을 테지만 응급실 의사는 적혈구 수치 검사나 수혈을 하지 않았다. 살아날 가능성이 높지 않아 보였기 때문이다. 넓게 퍼진 감염 부위도 문제였지만 수술을 감당할 체력이 남아 있는지도 걱정이었다. 그러나 두 사람은 수술을 결심했다. 현재로서는 실낱같은 희망이라도 녀석을 살릴 수 있는 유일한 길은 수술뿐이었다.

비앙코 박사는 강아지를 조심스레 진료대 위에 눕혔다. 기진맥진한 강아지는 옆으로 비스듬히 누워 있으면서도 몇 차례 힘없이 꼬리를 흔들어 주었다. 박사가 강아지의 목을 문질렀다. 통통 붓고 망가져 버렸지만 다이앤은 녀석이 아주 귀엽게 생겼다고 생각했다. 그녀는 강아지의 머리에 손을 대며 몸을 숙였다. 그러고는 간절한 눈빛으로 비앙코 박사를 바라보았다. 박사 역시 그녀를 바라보다 단호하지만 힘겹게 말을 꺼냈다.

"미안해요, 다이앤. 살릴 자신이 없소."

강아지를 보며 앉아 있던 다이앤이 몸을 일으켰다. 그리고 박사의 눈을 애원하는 눈빛으로 바라보았다.

"박사님 손에 이 불쌍한 녀석의 목숨이 달렸어요."

비앙코 박사의 아버지와 삼촌들은 모두 손으로 무언가를 만들어 내는 사람들이었다. 석공, 용접공, 목수……. 그들은 사람들에게 꼭 필요한 것들을 만든다는 사실을 무척이나 자랑스러워 했다. 그들에게 물려받은 뛰어난 손재주 덕분에 자신이 성공한 외과의사가 될 수 있었다고 늘 생각했던 박사는 이런 손재주를 이번에 아주 제대로 써먹어 보자고 결심했다. 꼭 다이앤의 간절한 마음이 아니라도 박사 또한 이 녀석을 너무나 살리고 싶었다. 끔찍한 학대의 희생물이면서도 사람을 향해 꼬리를 흔들며 애정을 표현하는 이 작은 생명의 눈동자에서 강한 삶의 의지를 보았기 때문이다.

수술은 몇 시간째 이어졌다. 먼저 간호사가 강아지를 마취시키고, 박사는 항생제를 처치했다. 그리고 상처를 소독하기 위해 얼굴이 있던 자리를 씻어내고, 묵은 세포들을 잘라낸 다음 강아지의 턱 아래 작은 구멍을 뚫고 관을 삽입했다. 이 관을 통해 피와 체액이 나오면 감염을 막고 치료 효과를 높일 수 있을 것이다. 마지막으로 박사는 강아지의 왼쪽 얼굴 움푹 팬 살점을 봉합한 후 피를 수혈하고 정맥에 영양주사를 놓았다. 극도로 체력이 약했던 강아지는 모두의 우려와는 달리 수술을 잘 견뎌내 주었다.

이 강아지는 그저 해마다 개싸움으로 목숨을 잃는 수많은 개 중 한 마리가 될 뻔했다. 그것이 안락사였든 부상 탓이었든 말이다. 그런데 다행히도 녀석은 다이앤과 박사를 만났고, 그들의 사랑으로 수술까지 받았다. 사실 누구도 수술의 성공을 장담할 수 없었다. 가령 수술이 성공해 살려낸다 해도 살아난 강아지가 사람이나 다른 동물과 잘 어울릴 수 있으리라는 보장도 없었다. 그러나 모든 악조건을 견뎌 내고 그들은 해냈다. 그저 동물을 사랑하는 순수한 마음이 작고 가엾은 하얀 강아지를 살려냈다.

물론 상처가 워낙 컸던 만큼 수술 후에도 위험한 상황은 계속되었다. 특히 강아지가 도통 먹으려 들지 않는 것이 가장 큰 문제였다. 아주 가끔 적은 양의 부드러운 음식을 먹기는 했지만 필요한 영양을 공급하기엔 턱없이 부족했다. 소화 계통에 문제가 있는 것도 아닌데 음식을 먹지 못하는 원인을 알 수 없었다. 박사는 내부 합병증이 아닐까에 대해 의심했지만 확실하지는 않았다. 감염의 흔적도 없었다.

그렇게 며칠을 곰곰이 생각하던 박사는 직감적으로 무엇을 해야 할지 깨달았다. 서랍에서 핀셋을 꺼내 들고 강아지 입에 핀셋을 집어넣자 부러진 뼈가 느껴졌다. 박사는 작은턱에서 뼛조각을 끄집어냈다. 아마도 이 강아지의 머리를 물고 뒤흔든 놈은 아주 힘이 셌던 것 같다. 뼈가 금이 가는 데서 그치지 않고 산산이 부서졌기 때문이다. 이런 상태에서는 당연히 음식을 먹을 수 없었다. 강아지의 부서진 아래턱 뼈가 음식을 씹을 때마다 녀석의 입 천장을 찔렀을 것이다. 살아나라고 내주는 음식을 앞에 두고 이 놈은 눈앞이 캄캄해지는 고통을 맛보았을 것을 생각하니 더 안쓰러웠다.

그런데도 강아지는 전혀 그런 티를 내지 않았다. 고통을 감내하는 녀석의 능력은 정말이지 상상을 뛰어넘었다. 강아지는 부서진 뼈를 제거하기 위해 다시 수술을 받았고, 무사히 회복되어 결국 음식도 먹을 수 있게 되었다. 규칙적으로 단단한 음식을 먹자 점차 기운을 되찾았고 몸무게도 늘었다. 녀석은 엄청난 정신력으로 자신이 처한 현실과 싸웠고 박사와 다이앤은 그 모습을 보며 경외감에 휩싸였다.

비앙코 박사는 동물구조협회에서 주관하는 세미나에 참석한 적이 있었다. 그곳에서 투견들의 부상을 알아보는 방법을 배우고, 잔인한 투견 장면을 찍은 영상도 직접 보았다. 덕분에 강아지가 그토록 처참한 모습으로 병원에 온 이유를 쉽게 짐작하고 심각한 부상이었지만 적절히 대응할 수 있었다.

투견은 공포 속에서 울부짖으며 비명을 지르는 이 어린 동물을 꽉 물고 사정없이 흔들어댔을 것이다. 그러고는 마치 걸레짝처럼 바닥이며 벽에 힘껏 내동댕이쳤으리라. 틀림없이 형편없었을 영양 상태까지 고려한다면 그 모든 야만적인 공격을 당하고도 이 녀석이 살아남은 것은 기적이라고 밖에 할 수 없었다. 그뿐 아니라 공격 후에도 강아지는 며칠씩이나 고통 속에 방치되었다. 엄청난 피를 흘렸고 감염 부위는 빠르게 번졌고 음식이나 물도 먹지 못했다. 그리고 수술로 엄청난 스트레스까지 견뎌야 했다.

"의사로서 제 모든 경험과 소견으로 보건대 녀석이 살아남은 건 정말이지 믿을 수 없는 일이었습니다."

다이앤 역시 비앙코 박사와 같은 의견이었다. 그녀는 거의 본능적으로 강아지가 견뎌 온 고통을 알아차렸고 어떻게든 보상해 주고 싶었다. 결코 녀석을 죽게 내버려두지 않겠다는 그녀의 결심은 결국 안락사당할 뻔한 강아지를 다른 건강한 개들처럼 생활할 수 있도록 해 주었다. 그러나 아무리 박사와 다이앤이 쉽지 않은 선택을 하고 간절한 마음으로 녀석들을 돌봤다 해도 가장 힘든 싸움을 해야 했던 건 우기 자신이었을 테다.

이런 생각에 미치자 끔찍한 경험 밖에 없었던 우기가 그토록 삶에 대한 열망을 강하게 가질 수 있었던 이유가 궁금했다. 아마도 이 고비만 넘기면 더 나은 삶이 자신을 기다리고 있다는 사실을 느낀 건 아니었을까? 개든 사람이든 트라우마는 오랫동안 이루어진 학대보다 극복하기 쉽다. 학대는 오랜 시간에 걸쳐 삶의 방식으로 굳어지고 결국 정신 깊은 곳까지 영향을 끼치기 때문이다. 물론 우기는 트라우마와 학대를 모두 경험했다. 그러나 다행이었던 건 녀석은 아주 어렸고 둘 다 오래 지속되지는 않았다는 것이다. 그래서 그것들이 우기에게 오랜 시간 영향을 주지 못했고, 모두의 예상보다 빠르게 건강을 회복할 수 있었던 것 같다.

우기가 겪은 고통과 잔인한 학대를 알고 있었기 때문에 병원 직원들은 진심에서 우러나오는 깊은 애정으로 녀석을 돌봐 주었다. 녀석 또한 자신이 겪은 끔찍하고 두려운 일과 대비되는 밝고 따뜻한 성품으로 사람들에게 화답했다. 그런 우기를 두고 다이앤은 이렇게 말했었다.

"녀석은 모든 사람의 강아지가 되었어요."

다이앤은 우기의 입양 절차를 위해 집으로 데려갔는데 당시 녀석의 이름은 우기가 아니었다. 투견 판에 버려진 강아지였으니 처음부터 이름이 없었다는 말이 옳다. 다친 강아지나 유기견들이 병원에 오면 직원들은 이름을 붙여주기도 하지만, 녀석은 다들 살아날 가망이 없다고 생각했기 때문에 이름을 지어주지 않았다. 다이앤은 고민을 거듭하다 녀석에게 엘리라는 이름을 붙여주었다고 한다. 하얀 몸이 솜뭉치를 떠오르게 했고, 솜뭉치에 대한 생각은 엉뚱하게도 조면기를 발명한 엘리 휘트니로 이어진 것이다.

비앙코 박사는 언젠가 내게 이렇게 말했다.

"사실 우기는 그저 또 한 마리의 핏불종 개일 뿐이었어요. 하지만 녀석은 정말이지 매력적인 성품을 지니고 있었죠. 우리 병원에는 정기적으로 핏불들이 실려 옵니다. 할 수 있다면 녀석들을 치료하고 입양시키려고 노력하죠. 한 번은 어떤 조그마한 아이가 핏불 한 마리를 병원에 데려왔어요. 공격을 당했다고 하더군요. 아이는 엉엉 울며 수술비가 없다고 했죠. 다행히 대기실에 있던 고객이 수술비를 대주겠다고 했고, 개는 무사히 회복할 수 있었지요."

박사는 다시 그때가 생각나는지 붉게 상기된 얼굴로 말을 이었다.

"그런데 몇 개월 뒤 아이가 다시 개를 안고 병원을 찾은 거예요. 이번에도 형편없이 다친 상태로 말예요. 그때 알았죠. 개를 다치게 하는 건 다른 사람이 아닌 아이 자신이었다는 걸. 아이에게 물어봤어요. '네가 이 개를 싸우게 했지?' 물론 발뺌을 하더군요. 제가 다시 말했지요. '잘 들어! 이번에는 치료해 주겠다만 다신 이곳에 데려오지 말거라.' 하고 말이죠."

펜실베이니아 SPCA는 한 달에 약 50건에서 75건 정도의 투견 신고를 받았고, 그곳에서 일어나는 일에 관심이 많았던 나는 수

년 동안 무시무시한 학대를 당한 투견들과 구조된 개들을 만나 왔다. 하지만 미끼로 이용된 개가 살아남는 경우는 대단히 드물 었다. 특히나 우기처럼 심한 부상을 당했을 땐 더더욱. 하지만 그 보다 드물었던 건 그 모든 일을 겪고도 개가 사람을 신뢰하고 사 랑하는 마음을 잃지 않은 것이다.

나는 우기가 우리 곁에 온 과정들을 생각하면 지금도 종종 강한 섭리를 느낀다. 거기엔 너무나 많은 '만약'이 작용했다. 투견들이 늘 그랬던 것처럼 우기 역시 죽었더라면? 결국 그 극심한 고통을 이겨내지 못했다면? 바로 그 순간 경찰이 현장에 출동하지 않았다면? 현장을 급습한 경찰이 그 지역 경찰이 아니어서 응급 처치하는 병원을 알지 못했다면? 다이앤과 비앙코 박사, 병원 직원들이 우기를 살릴 결심을 하지 않았다면?

우기가 겪었던 일이 어느 정도 정리가 되있나고 느낀 어느 날, 나는 노아와 댄에게 자초지종을 설명했다. 우기를 SPCA에 보내지 않고 비앙코 박사에게 수술을 부탁한 다이앤은 그의 생명의 은인 인 셈이었다.

노아는 깜짝 놀라 불쑥 말했다.

"정말이요? 정말 그런 일이 있었어요? 다이앤이 정말 그랬단 말이에요?"

만면에 미소를 띄우며 노아는 이렇게 말했다.

"세상에! 다이앤은 성자예요."

"세인트(성자) 다이앤!"

댄이 소리쳤다.

"흠, 아주 맘에 드는데?"

댄은 '세인트 다이앤'이라는 표현을 몇 초간 머릿속에서 음미하는 것 같았다.

"흠, 세인트 다이앤!"

댄 역시 얼굴 가득 커다란 미소를 지으며 이렇게 말했다.

"희망을 잃은 생명을 구한 아름다운 수호천사……."

3
쌍둥이를 만난 건 첫 번째 기적!

노아와 댄이 처음 입양되었을 때 아이들은 생후 사흘 된 아기였다. 우리는 아이들이 말을 알아듣기 훨씬 전부터 둘이 어떻게 우리 집에 오게 되었고, 덕분에 이 집이 얼마나 눈부신 곳이 되었는지 말하고 또 말했다. 입양되었다는 사실 또한 그 아이들 삶의 일부였기에 어떤 사실도 숨기지 않았다. 나는 지금도 아이들에게 종종 이렇게 이야기한다.

"너희를 처음 만난 날 엄마와 난 완전히 흥분 상태에 빠졌단다."

아마도 이런 이유 때문이었을까? 아주 어렸을 때 아이들이 가장 좋아하는 이야기 중 하나는 우리 집에 살고 있는 동물들에 관한 것이었다. 당시 우리 집에는 구조된 강아지 한 마리와 역시 구조된 고양이 두 마리가 살고 있었다. 나는 아이들의 마음을 알고 있었기에 언제나 강아지와 고양이들이 얼마나 사랑받는지 보여 주고 싶었다. 그리고 아이들 역시 동물을 아끼고 사랑하는 경험을 하길 바랐다. 가족 간의 따뜻한 사랑과 보살핌은 전통적인 부모 자식 사이에서만 가능한 것이 아니라는 걸 확인시켜 주고 싶었기 때문이다.

사실 나는 아버지가 되고 싶은 절실한 마음이 없는 남자였다. 나 자신이 아버지와 좋은 관계를 맺지 못하고 불행한 어린 시절을 보냈기 때문이다. 반면 아내는 아이를 간절히 원했고, 나는 그녀의 바람을 존중했다. 그러나 오랜 노력이 무색하게 제니퍼는 몇 차례 유산의 아픔을 겪었고, 더 많은 시간이 지나자 우리는 불임 문제로 고민하는 부부가 되었다. 결국 생각한 것이 입양이었다. 하지만 몇몇 입양 기관에 문의해 보아도 내가 마흔이 넘었기 때문에 입양 자격이 되지 않는다는 답변만 돌아왔다. 그래도 포기할 수는 없었다. 그만큼 우리 바람은 너무나 간절했다. 이런 마음이 통한 것일까? 친구를 통해 '골든 크래들'(금빛 요람이라는 뜻-옮긴이)이라는 단체를 소개받았다. 뉴저지 주 남쪽에 있는 이 단체는 다행스럽게도 좋은 부모가 되는 데에 나이는 중요하지 않다고 생각했다. 우리는 당장 가입 신청을 했고 받아들여졌다.

비영리단체 골든 크래들을 설립한 아티엘 가트는 무려 5년의 기다림 끝에 아이를 입양했다. 입양 과정이 얼마나 오래 걸리는지 몸소 경험한 아티는 입양을 원하는 부부와 아이의 생물학적 부모를 빠르고 편리하게 연결해 줄 방법을 찾기 위해 노력했다. 그 결과 이 기관은 그동안 어느 입양 기관 못지않게 입양을 성공적으로 성사시켜 왔다. 나는 지난 15년간 이 단체의 이사회에서 활동하면서 그 이유를 알 수 있었다.

골든 크래들은 입양이 좋은 일이라는 신념에 근거해 일을 진행한다. 그들은 아이를 키울 여력이 없는 부모를 찾아 지원하고, 입양에 관한 강의를 듣는 프로그램에 등록한 예비 부모님과 연결해 준다. 이 과정에서 입양을 두고두고 후회하는 친부모는 물론 입양이 이루어진 후 단체를 비난하거나 원망하는 사람도 없었다. 입양을 보내는 부모들이 다른 사람에게 아이를 맡기는 것이 아이를 위한 최선의 선택이라는 사실을 이해할 수 있도록 단체에서는 많은 도움을 주었고, 그 과정에서 그들은 아이들이 충분한 사랑을 받으며 값을 매길 수 없는 소중한 가치를 나누고 있다는 사실을 알아가기 때문이다.

태어날 아기를 입양시키기 원하는 미혼모나 커플이 단체를 찾으면 골든 크래들은 그들이 중요하게 여기는 특성이 무엇인지 먼저 파악한다. 이야기는 대략 다음과 같이 이어진다.

"어떤 자질을 갖춘 부부가 당신의 아이를 입양하길 원하십니까?"

"아무래도 제가 이탈리아계고 도예가니까 아이를 입양할 사람도 이탈리아계였으면 좋겠어요. 예술에 관심 있는 이탈리아계 전문직 종사자요."

"글쎄요. 회원 중에 이탈리아계가 있긴 한데 전문직을 가진 분들은 아니에요. 예술에 관심도 없고요. 대신 예술에 관심 있는 유대계 전문직 종사자 부부가 있습니다. 종교와 생활방식 가운데 어떤 면을 더 중요하게 여기시나요?"

그런 다음 단체는 친부모가 관심을 둘 만한 커플들이 쓴 일종의 약식 자서전을 건네준다. 그러면 아이의 부모는 그 가운데 한 커플을 선택할 수 있다.

입양이 이루어진 후에는 처음 6개월 동안 아이를 입양한 부모에게 작은 숙제가 주어진다. 최소 여섯 장의 사진이 포함된 문서를 작성해 기관에 제출해야 하고, 문서는 아이의 친부모에게 전달된다. 친부모에게 아이가 어떻게 자라고 있는지 보여주고, 새로운 가정에서 건강한 부모와 자식 관계를 형성하고 있다는 걸 확인시켜 주기 위해서다. 친부모는 아이가 사랑을 받으며 잘 지내고 있다는 걸 알게 되면 자신의 결정이 옳은 것이었다는 확신하고, 비로소 그들을 마음에서 떠나보낼 준비를 하게 된다.

우리가 처음 골든 크래들을 찾았을 땐 우리 말고도 마흔 쌍의 커플이 프로그램에 등록해 입양을 기다리고 있었다. 수업 첫 시간에 설립자 아티가 교실에 들어와 이런 이야기를 했다.

"모두 긴장을 푸시길 바랍니다. 여러분은 이제 모두 부모가 될 겁니다. 가장 먼저 부모가 되는 부부도 있고 꼴찌로 부모가 되는 부부도 있겠지만, 분명한 건 여러분 모두가 한 아이의 부모가 될 거라는 사실입니다."

이곳을 찾은 부모들은 누구보다 간절하게 아이들을 원하고 있기 때문에 직원들은 종종 곤란한 상황을 맞기도 했다. 가끔 서류 작성 등에 필요한 정보를 알기 위해 입양을 기다리고 있는 부모들에게 전화를 걸 때 특히 그랬다.

"안녕하세요? 골든 크래들입니다."

그러면 전화 받은 사람은 아기를 데려가라는 전화인 줄 알고 흥분해 어쩔 줄 모르는 것이다. 첫 모임에서 회원들에게 골든 크래들에서 온 전화가 모두 아기가 도착했다는 뜻은 아니라는 사실을 주지시키는 것도 이 때문이다.

"사랑스러운 아기가 왔습니다."

전화상으로 직원이 이렇게 말할 때에야 비로소 부모가 되었으니 마음껏 흥분하고 기뻐해도 된다는 뜻이었다.

아내와 나는 우리 모임에서 가장 늦게 아기를 얻었다. 우리는 거의 2년의 기다림 끝에 마침내 부모가 되었는데 사실 너무 오래 기다리는 바람에 더는 아기에 대해 생각하지 않고 있었다. 골든 크래들은 반드시 아기를 갖게 될 거라 말해 주었지만 그건 너무나 먼일처럼 느껴졌다. 부모가 되는 것에 대한 기대는 쳇바퀴 도는 일상 속에서 희미해져 갔고, 아기를 중심으로 펼쳐질 미래를 꿈꾸고 계획하는 일도 그만두었다. 사실 우리는 두 번이나 부모가 될 뻔했다고 한다. 하지만 마지막 순간 생모가 마음을 바꿔 아이를 입양시키지 않았고, 우리는 결국 아기가 왔다는 전화를 받지 못했다. 물론 당시에는 이런 사정조차 알 수 없었다.

그런데 이 모든 기다림은 최고의 선물이 오기 위한 과정이었나 보다. 드디어 아기를 만날 수 있다는 전화를 받았을 때 나는 마흔네 살이었다. 돌이켜 보면 그 일이 전혀 예상하지 못한 순간에 닥친 건 다행이었다. 누군가 미리 이렇게 귀띔이라도 해 주었다고 생각해 보라.

"당신은 마흔네 살에 쌍둥이의 아빠가 될 겁니다."

그럼 난 아마도 이렇게 대꾸했을 것이다.

"그런 일을 절대 일어날 수 없어요!"

동시에 내가 과연 성공적인 부모가 될 수 있을지 엄청난 의심과 불안에 휩싸였을 것이다. 두 명은 고사하고 한 아이의 아빠가 되기에도 나는 부족한 점이 많았다.

어느 토요일 오전이었다. 아내와 나는 소파에 앉아 한가로이 커피를 마시고 신문을 읽으며 소소한 이야기를 나누고 있었다. 그러다 시내에 나가 미뤄왔던 볼 일도 마칠 계획이었다. 어떤 사람들은 직장생활을 하고 경력관리를 하느라 실상 자신의 삶이 공허하고 불행하다는 사실에 대해 깊이 생각하지 않는다. 우리도 마찬가지다. 제니퍼와 나 역시 항상 과중한 업무에 시달렸고, 우리가 과연 제대로 살고 있는지 도무지 확신할 수 없었다. 그럴수록 우리는 더 열심히 일했고 어깨에 무거운 짐을 진 채 앞만 보고 달렸다. 그저 기계적으로 해야 할 일을 하면서 삶이 주는 만족과 의미를 포기했다. 그날도 별다른 기대 없이 잠시의 휴식을 즐기고 있었을 뿐이었다.

갑자기 전화벨이 울렸다. 제니퍼와 나는 서로의 얼굴을 쳐다보았다. 누구에게서 온 전화인지 전혀 감을 잡을 수 없었다. 토요일 이맘때는 우리 집에 전화가 오는 시간이 아니었다. 이런 식의 갑작스러운 전화는 대개 안 좋은 소식을 알리는 경우가 많았다. 나는 신문과 커피잔을 내려놓고 수화기를 들었다.

"여보세요?"

불안을 떨치고 제니퍼의 걱정을 덜어주려고 일부러 밝은 목소리로 전화를 받았다.

"안녕하세요, 래리? 골든 크래들의 수잔입니다. 제가 왜 전화했을까요? 드디어 사랑스러운 아기가 도착했답니다!"

수잔은 골든 크래들에 가입한 후부터 우리와 함께 일한 사회복지사였다. 불현듯 어젯밤이 떠올랐다. 수년 동안 나는 금요일마다 회사 동료들과 함께 술집에 가곤 했다. 그 순간 앞으로 다시는 그들과 어울려 금요일 저녁에 외출할 수 없으리란 사실을 깨달았다. 앞으로 절대로!

무거운 쇠망치로 뒤통수를 세게 얻어맞은 기분이었다. 물론 아프지는 않았지만 숨이 멎는 것 같은 멍한 기분이 들었다. 내가 이제 부모가 되었다고? 그게 도대체 무슨 뜻이지?

얼어붙은 채로 머릿속에 맨 처음 떠오른 생각을 내뱉었다.

"정말이요? 정말 놀랍네요."

시간을 벌어야 했다. 수잔의 말을 모두 이해하고 적절한 말을 하기 위해서는 정말로 시간이 필요했다!

"축하해요. 이제야 부모가 되셨습니다. 어떤 아가인지 궁금하지 않아요?"

"물론 궁금하죠."

"남자 아기예요. 생후 사흘 된 아주 귀여운 아기랍니다."

"세상에!"

나는 소리를 질렀다. 그런데 마치 물속에서 말을 하는 것 같은 정말 너무나 이상한 느낌이 들었다.

"그러니까 말하자면… 우린 오늘 밤에 영화를 보러 갈 필요가 없겠군요."

여기까지 듣던 아내가 읽던 신문을 내려놓고 나를 바라보았다. 무슨 일인지 알아내려 애쓰는 것 같았다.

"잠시만요. 사실 그게 다가 아니랍니다."

"네? 다가 아니라고요?"

더 있을 게 뭐가 있단 말이지? 엄청난 충격 속에 되물었다.

"그게… 그러니까 무슨 뜻이죠?"

"래리, 아기에겐 형제가 있어요. 당신은 쌍둥이의 아빠가 된 거예요!"

"여보, 전화 좀 받아봐!"

이 새로운 소식에 압도되어 나는 아내에게 수화기를 넘겼다. 우리는 당장 인생의 우선 순위를 완전히 재조정해야 했다. 전에는 상상하지도 못한 문제들이 앞자리를 차지해 내 삶을 지배할 것이다. 기억 저 멀리서 내 오랜 친구와 나누었던 대화가 떠올랐다. 마흔 살에 쌍둥이를 임신했던 그녀는 자신의 육아 경험을 분석하고 연구한 적이 있었다. 흥미를 느끼는 내게 그녀가 물었다.

"연구 결과가 궁금하구나?"

그녀는 비장하면서도 놀랍도록 차분한 어조로 설명했다.

"아이를 제대로 키우려면 부모가 되기 전에 중요하다고 생각했던 많은 일을 포기해야 해. 하지만 넌 그 결과 훨씬 더 많은 걸 이루었다는 걸 알게 될 거야."

그때 나는 친구가 무슨 말을 하는지 이해하지 못했다. 당시 내 취미는 사진이었다. 일주일에 두 번 새벽 2시에서 3시 사이에 나는 암실에서 작업하곤 했다. 그걸 포기한다는 건 상상할 수도 없는 일이었다. 그러나 아이들이 집에 온 후 지금까지 내가 암실에서 보낸 시간은 딱 이틀뿐이었다. 그나마 친구의 부탁으로 사진을 인화해주기 위해서였다. 하지만 나는 사진 작업을 못하게 된 것을 안타까워한 적이 한 번도 없다.

"축하해!"

수화기를 넘겨주기 전에 나는 아내에게 소식을 전했다.

"드디어 엄마가 되었군!"

그리고 덧붙였다.

"그것도 쌍둥이의!"

이 말을 하며 내가 미소를 지었기를 간절히 바라지만, 정말이지 그때 내가 어떤 표정을 지었는지 도저히 기억이 나지 않는다. 제니퍼는 비명을 질러 댔다.

"뭐라고? 당신 지금 뭐라고 했어요?"

마치 감전이라도 당한 듯 제니퍼는 소파에서 펄쩍 뛰어내렸다. 그녀는 수화기를 움켜쥐고 수잔에게 질문을 해대기 시작했다.

나는 정신적으로 거의 표류하고 있는 느낌이었지만 필사적으로 상황을 파악하고 다음에 해야 할 일이 무엇인지 생각하려 애썼다. 어느 순간 아내가 소리 내 울기 시작했다. 내 기억이 맞다면 그녀는 적어도 이틀 동안 눈물을 그치지 않았다. 마침내 제니퍼가 수화기를 내려놓았다. 아내의 얼굴은 마스카라로 범벅되어 있었다.

"12시 이후에 아무 때나 오래요."

코를 훌쩍이며 아내가 말했다.

"생모가 아직 거기 있나 봐요. 작별 인사하는 데 시간이 좀 걸리는 것 같아요."

나는 입술을 오므리며 고개를 끄덕였다.

"그래, 그렇겠지."

먼저 옷을 차려 입고 아기용품점에 가야 했다. 집에는 아기를 위한 물건이 아무것도 없었다. 유대 전통에 의하면 아기가 태어나기 전에 무언가를 계획하고 준비하는 건 불길한 일이었기 때문이다. 우리가 준비한 것이라고는 짙은 노란색으로 새로 칠한 2층 아기방뿐이었다. 그곳은 물론 한 사람을 위한 방이었고, 황갈색 의자와 커튼, 그리고 세 개의 붙박이 책장만이 덩그러니 놓여 있었다. 아기 옷이나 분유, 침대는 없었다. 그림책과 장난감도 마찬가지였다. 우유병이나 요람, 그리고 옷장도 사야 했다. 무엇보다 두 명은 고사하고 한 명의 아기를 위한 이름도 지어놓지 않았다. 말하자면 아기를 맞을 어떤 준비도 되어 있지 않았다.

아이들을 처음 만나러 가는 길, 무슨 옷을 입어야 할지도 고민이었다. 물론 아이들은 우리가 처음 만났을 때 무엇을 입었는지 기억할 수 없겠지만 우린 심각하게 고민했다. 나는 턱시도를 입었다. 내가 두 아이의 아빠가 되어 아이들을 처음 집에 데려올 날이 일생에 몇 번이나 있겠는가? 밝은 빨간색 양말을 신고 검정색 운동화도 신었다. 지나치게 심각한 인상을 주고 싶진 않았기 때문이다.

나중에 아이들은 내가 턱시도를 입는 수고까지 감수했다는 사실에 깊은 인상을 받았다고 했다.

"우리를 처음 만나는 날 턱시도를, 게다가 빨간색 양말까지요? 와우! 상상이 안돼요."

그 턱시도는 아버지께 맞지 않아 내게 물려주신 것이었다. 사실 매우 낡은 옷이었지만 그 순간은 그런 생각을 할 겨를도 없었다.

우리는 아내의 부모님께 전화를 드려 이 소식을 알렸다. 두 분은 바로 짐을 싸 오후에 오겠다고 하셨다. 각 주에 흩어져 사는 형제, 자매들은 물론 친한 친구들에게도 이 놀라운 소식을 알리며 널리 퍼뜨려 달라고 부탁했다. 내일은 우리가 아는 모든 이를 불러 파티를 열 계획이었다. 물론 집에 안 계셔 바로 소식을 전할 수 없었던 나의 부모님까지 초대해서 말이다. 제니퍼는 출장요리를 예약했고, 집을 소개해 주다 친구가 된 부동산 중개인은 아기의 탄생을 알리는 장식품을 가져와 마당에 세워 주었다.

시간이 별로 없었다. 서둘러 가장 가까운 아기용품점으로 향했다. 제니퍼는 가구를 보러 들어가고, 나는 점원에게 자초지종을 설명했다.

"태어난 지 딱 사흘 된 남자 아기 두 명이 오늘 우리 집에 온답니다. 그런데 우리가 준비한 것이라곤 텅 빈 아기 방이 전부예요."

"축하합니다. 지금 아기를 데리러 가시는 길인가요?"

나는 고개를 끄덕였다.

"한 시간 안에요."

"그렇다면 무엇보다 카시트기 필요하시겠네요."

그녀는 잠시 후 회색 플라스틱 재질의 카시트를 들고 다시 나타났다. 플라스틱 틀 안에는 도톰한 쿠션이 들어 있었다.

"저… 사용법을 직접 보여 주실 수 있을까요?"

점원은 성심껏 카시트 사용법을 알려 주었다. 하지만 너무 어려웠다. 주위를 둘러보니 작은 회색빛 코끼리 인형이 눈에 띄었다.

"이걸 아기라고 생각하고 다시 한 번 설명해 주시겠어요?"

인형을 가지고 직접 시연해 보이니 이해하기가 훨씬 쉬웠다.

나는 카시트와 함께 코끼리 인형도 샀다. 그 인형은 아이들의 첫 번째 장난감이 되었고, 지금도 그 인형을 간직하고 있다.

우리는 매트리스가 딸린 요람 두 개와 요 네 벌, 담요 네 벌, 그리고 베갯잇 네 장을 샀다. 분유 몇 통과 우유병, 아기 옷, 그리고 장난감 몇 개도 더 샀다. 물수건과 기저귀, 땀띠 날 때 바르는 분도 샀다. 물건들을 트렁크에 싣고 20여 분을 운전해 목적지에 도착했다.

골든 크래들 사무실이 위치한 빌딩으로 들어가 엘리베이터에 올랐다. 쌍둥이 입양은 5년 만에 처음 있는 일이었기 때문에 직원들도 모두 나와 축하해 주었다. 진심 어린 축하의 말을 나눈 후 모든 사람이 나갔고 방에는 우리 둘만 남았다. 아무런 예행연습 없이 우린 일생일대의 순간을 기다리고 있었다. 아내와 나는 서로 손을 꽉 움켜쥐고 닫힌 문을 응시하며 서 있었다. 저 문 뒤엔 어떤 천사들이 기다리고 있을까?

누군가 부드럽게 문을 두드렸고 곧이어 문이 열렸다. 아이들의 친부모를 담당하던 사회복지사 샐리가 양쪽 팔에 아이를 안고 들어 왔다. 아이들은 노란 별 무늬가 새겨진 새하얀 담요에 싸여 있었다. 그녀는 아주 커다란 미소를 띠고 우리를 향해 다가왔다. 붉은 머리와 작은 체구의 그녀는 마치 동화 속에 나오는 개구쟁이 요정을 연상시켰다.

"자, 이 아기들이랍니다."

샐리는 아기 한 명을 제니퍼에게 건네주었다.

"이 아기는 아빠가 안아 주세요."

문이 닫히는 소리가 조용히 들려왔고 방에는 우리만 남았다. 나는 전에 단 한 번도 갓 태어난 아기를 안아본 적이 없었는데 마치 하얗고 가벼운 베개를 안고 있는 것 같은 느낌이었다. 제니퍼도 나도 잠시 아무 말도 없이 잠든 아기 얼굴을 내려보았다.

"맙소사!"

내가 먼저 탄성을 질렀다. 아기의 얼굴은 작고 주름지고 붉었고, 손은 마치 새끼 원숭이처럼 쪼글쪼글했다. 아내가 안고 있는 아기 역시 완전히 똑같이 생겼다!

"정말이지 웃기게 생겼어. ET 같지 않아?"

"내 말을 믿어요."

마스카라와 눈물로 범벅된 얼굴로 제니퍼가 말했다.

"아주 아름다운 아기들이에요."

뭘 어찌해야 할지 알 수 없었다. 제니퍼도 마찬가지 같았다. 두 아기는 여전히 깊이 잠들어 있었고, 우리는 꼼짝도 못하고 아이들의 얼굴을 내려다보았다. 그러다 안고 있는 아기를 향해 내가 물었다.

"넌 누구니?"

사실 할 이야기가 별로 없었다. 순식간에 벌어진 일들에 어안이 벙벙할 뿐이었다. 제니퍼와 나는 소파에 앉아 둘 사이에 아기들을 내려놓고 바라보기 시작했다. 그러다가 아기를 바꿔 안아보기도 하고, 각각 한꺼번에 두 명을 안아보기도 했다. 그러는 동안 우리 입에서는 "정말 놀라워!"라는 말이 모두 여덟 번 나왔다. 눈을 감고 있어서 아이들의 눈동자 색깔이 무엇인지 알 수 없었지만, 아내와 나는 아이들에게 완전히 사로잡혀 눈을 뗄 수 없었다. 그때 내 안에는 아주 미세하지만 결정적인 변화가 일어나고 있었다. 비록 그 사실을 아주 오랫동안 깨닫지는 못했지만 나는 더는 아버지가 되는 것을 두려워하지 않았다. 이젠 '좋은 아버지'가 되지 못할까 봐 두려웠다.

수잔과 다른 직원이 돌아와 서류 한 장을 보여 주었다. 거기엔 아이들의 가족력이 적혀 있었다. 아이들에게는 형이 있었다. 세 살인 형은 태어난 지 몇 주 만에 입양되었고, 지금은 뉴잉글랜드 지역에 살고 있었다.

아이들의 친부모는 이번엔 출산 사흘 전에 골든 크래들에 연락해 입양 의사를 밝혔다. 하지만 당시 친부모도 쌍둥이를 낳을 줄은 모르고 있었다고 한다. 아마도 한 아이가 다른 한 명의 아이를 가린 위치에 있었던 것 같다. 그러니 임신 중의 초음파 사진에서도 태아 두 명의 모습이 뚜렷이 감지되지 않았던 모양이다. 첫째

가 나온 다음 생모는 이렇게 말했다고 한다.

"아직 끝이 아닌 것 같아요."

의사는 급히 수술 준비에 들어갔고, 첫 아이가 나온 지 20분 만에 둘째가 제왕절개를 통해 세상에 나왔다. 친부모는 쌍둥이들 역시 형이 입양된 집으로 입양시켜 달라고 부탁했지만 형을 입양한 부부는 쌍둥이를 맡을 여력이 되지 않았다고 한다. 샐리와 친부모는 대책을 찾기 시작했고, 출산 하루 전날 그녀는 친부모가 관심을 보인 부부들의 이력서를 들고 그들을 방문했다. 결국 그들은 우리를 택했고 다음 날 쌍둥이를 낳았다.

샐리는 급히 골든 크래들에 연락했다. 제니퍼와 내가 쌍둥이를 맞이할 수 있는지 아직 확인하지 못했기 때문이다. 골든 크래들은 쌍둥이를 한 집으로 입양시키는 걸 원칙으로 삼고 있었고, 출산 전에 이미 두 명 이상의 아기를 맞아들이는 데 동의한 부부에게만 쌍둥이를 보냈다.

사실 우리 부부는 몇 해 전 한 친구가 3개월 된 쌍둥이 형제를 데리고 놀러 온 이후부터 쌍둥이라는 존재에 대해 매혹된 상태였다. 태어난 지 불과 백일이 안 된 아주 어린 아기들이었지만 둘 사이엔 분명히 새로운 차원의 유대감이 있는 듯했다. 게다가 쌍둥이가 있는 가정에는 훨씬 더 역동적인 무언가가 있었다.

건물을 나서기 전에 수잔은 내게 사진 한 장을 건네주었다. 아이들의 형이었다.

"이 사진을 보면 아이들이 좀 더 자랐을 때 어떤 모습일지 상상할 수 있을 거예요."

그러나 그녀의 예상이 딱 들어맞지는 않았다. 노아와 댄의 머리카락은 딸기를 연상시키는 붉은색인 반면 사진 속의 아기는 머리카락과 피부색이 어두웠다. 그리고 둘은 형보다 키가 컸다. 그러나 공통점도 있었는데 셋 다 회색이 감도는 초록색 눈과 마르고 근육질의 몸을 지녔다는 점이다.

아이들의 친어머니도 출산 후 샐리와 함께 비행기를 타고 골든크래들에 함께 왔다. 덕분에 우리가 아이들을 넘겨받기 직전까지 그녀는 아기를 돌볼 수 있었다. 한순간이라도 아이들을 부모 없이 혼자 두기 싫었을 것이다. 떠나기 전 그녀는 아이들을 바라보며 이렇게 말했다고 한다.

"이제부터 너희는 레빈네 아이들이란다."

직원이 오더니 사진을 찍는다고 했다. 제니퍼와 나는 아이들을 안고 소파에 앉았다. 나는 얼마나 긴장했던지 나중에 사진을 보니 마치 밤새 한숨도 자지 못한 사람처럼 흐릿하게 초점을 잃은 눈빛이었다. 아마도 몸 안에서 엄청난 양의 아드레날린이 갑자기 분비된 것 같았다. 태어나서 그때처럼 흥분한 적은 한 번도 없었다. 머릿속은 마치 약에 취한 사람처럼 멍했으니 말이다.

아이들을 데려오면서 제니퍼와 나는 어떤 이름이 좋을지 이야기하기 시작했다. 둘이 동시에 마음에 드는 이름을 발견하기까지 우리는 수많은 이름을 생각해 냈다. 이름이란 게 한 번 정해지면 좀처럼 바꾸기 힘들기 때문에 우리는 더욱 신중할 수밖에 없었다. 첫째 아이의 이름인 노아는 어렵지 않게 정할 수 있었다. 둘이 짝을 지어 왔기 때문에 그야말로 제격이었다. (구약성서에 의하면 하나님께서 노아에게 홍수를 대비해 큰 방주를 짓고 그 안에 세상의 모든 육축을 쌍으로 넣으라고 명하셨다. -옮긴이) 내친김에 둘째 아이 역시 성서에서 이름을 따오기로 했다.

둘째의 이름을 짓는 건 좀 더 까다로웠다. 우리는 일주일 내내 온갖 이름을 열거하며 고민을 거듭했다. 애런, 애덤, 아리, 벤자민, 칼렙, 데이비드, 엘리, 가브리엘, 아이사이야, 조나……. 하지만 좀처럼 딱 '이거다!' 싶은 이름이 떠오르지 않았다. 어떤 이름도 레빈이라는 성과는 어울리지 않는 것 같았다. 둘째의 이름을 정하기 전까지 우리는 아이들을 각각 '아기 1' '아기 2'로 부르기로 했다. 그렇게 며칠이 지나서야 우리는 마침내 둘째 아이의 이름으로 대니얼을 선택했다. 게다가 댄이라는 애칭은 흔하지 않아 좋았다.

아이들이 아주 어렸을 때 우리는 모든 물건의 주인을 색깔로 표시했다. 예를 들어 노아의 젖병에는 모두 빨간 땡땡이를, 댄의 젖병에는 푸른 땡땡이를 붙였고, 노아의 담요와 양말은 붉은색, 댄은 푸른색이었다. 여느 쌍둥이들처럼 똑같은 옷을 입히는 일도 없었다. 제니퍼와 나는 아이들이 서로의 유대관계를 잘 유지하면서도 그들 각자가 완전히 독립된 하나의 인격체라는 사실을 알아가길 바랐다.

처음 6개월 동안 둘은 도무지 같은 시간에 잠들지 않았다. 덕분에 나와 제니퍼는 완전히 녹초가 되어 버렸다. 사실 우리는 그때 거의 제정신이 아니었다. 나는 저녁을 먹고 새벽 두 시나 세 시까지만 잘 수 있었고, 제니퍼가 깨우면 눈을 비비며 일어나 아침 일곱 시나 여덟 시까지 아이들을 돌보았다. 그러고는 샤워를 하고 옷을 챙겨 입고 비틀거리며 직장에 나갔다. 집에 돌아와 도저히 깨어 있을 수 없을 만큼 졸리면 아무 데나 누워 눈을 붙이고, 마치 붙박이 가구처럼 꼼짝도 않고 그 자리에서 죽은 듯이 잠들고는 했다. 두 아이가 밤에 깨는 횟수가 점점 줄어들긴 했지만, 규칙적으로 자는 습관을 들이는 데는 3년이라는 시간이 걸렸다. 그동안 둘 중 한 명이라도 깨어 있으면 아내와 나는 번갈아 일어나 아이를 돌봐 주었다.

한 주 건너 한 번씩 장인, 장모님이 오셨고 다른 친척들도 때때로 아이들을 돌봐 주었다. 에스더 고모와 버니 삼촌도 자주 오셨다. 아마도 장인, 장모님 다음으로 그분들의 신세를 많이 졌던 것 같다. 아버지가 돌아가신 후, 어머니는 우리 집에 가끔 들르셨지만 금방 가버리시곤 했다. 다른 친척들이 와 있거나 하면 조금 오래 머물기도 하셨지만, 어느 때는 불과 10분만 머물다 가시기도 하셨다. 아쉽게도 어머니는 자신이 우리에게 부담이 된다고 생각하신 모양이었다.

우리는 언제나 엄청난 기저귀를 갈아 댔고, 기저귀와 분유 그리고 나중엔 분유 대신 주스 등을 사기 위해 정기적으로 장을 봐야 했다. 제니퍼와 나는 아이들이 우리 집에 온 후 2년 동안 거의 모든 금요일, 토요일 밤을 장을 보면서 보냈다. 처음 아이들을 만날 수 있다는 소식을 들었던 날 각오했던 것처럼 정말이지 모든 주말 계획은 정해져 있었다.

갓 태어난 쌍둥이를 보면 우리를 전혀 알지 못하는 사람들은 이런 질문을 던지고는 했다.

"세상에! 쌍둥이를 낳는 건 어떤 느낌이죠? 두 배로 힘든가요?"

처음 이런 질문을 받았을 땐 당황했지만 시간이 지날수록 개인적인 질문을 서슴없이 해대는 사람들에게 조금씩 짜증이 나기 시작했다. 아이들의 친부모가 아니라는 사실을 전혀 알지 못하는 사람들에게 일일이 자초지종을 설명하는 건 절대 쉬운 일이 아니었다. 특히 아내 몸집이 아주 작은 편이었기 때문에 거의 예외 없이 이런 질문도 따라왔다.

"몸집이 이렇게 작은데 쌍둥이를 임신했었다니! 정말 힘들었겠어요."

그러면 제니퍼는 당당하게 대답한다.

"아뇨. 전혀 힘들지 않았어요."

어떤 사람들은 출산 후 어떻게 그렇게 빨리 살을 뺐느냐고 묻기도 했는데, 제니퍼의 대답은 역시 당당했다.

"사실 그건 별로 큰 문제가 아니었어요."

애초에 나와 아내는 낯선 사람들에게 아이들의 입양 사실을 굳이 알리지 않기로 이야기했었다. 그건 나중에 쌍둥이들이 결정할 문제라고 생각했다. 지금 생각해 보면 그때 난 아버지가 된다는 것에 부담을 느꼈던 것 같다. 시간이 지나고 아이들을 키우는 일이 주는 엄청난 즐거움과 경이로움을 맛보면서야 그런 나의 두려움은 희미해져 갔다. 힘겨운 육아 과정은 그 가치를 환산할 수 없을 정도로 내게 큰 보상을 주었다. 처음 아이들을 데려왔을 때의 얼떨떨함은 어느 순간 사라지고 이 갑작스러운 사건을 내 삶의 일부로 받아들였고, 몇 개월 후 나는 완전히 두 아이의 아버지가 되었다. 내 일상은 전적으로 아이들에게 맞춰졌고 쌍둥이들과 하나가 되었다.

아이들을 보고 있으면 둘의 성품이 드러나기 마련인데 그것 또

한 빼놓을 수 없는 즐거움이었다. 집에 데려온 지 불과 몇 주 만에 우린 두 아이가 많이 닮은 만큼 다른 면도 꽤 있다는 걸 알게 되었다. 그러면서 자연스럽게 각자의 별명도 생겼는데 노아의 별명은 '교수'였다. 아기치고는 매사에 너무나 사색적이었기 때문이다. 마치 주변 사물의 정체와 원리를 모두 밝혀내겠다는 듯 주의 깊게 관찰하곤 했다. 댄은 '해병대원'이라고 불렸다. 판단이 빨랐고 사내다운 허세가 있어 보였다. 둘의 성격은 완전히 딴판이었다. 그럼에도 둘은 항상 함께 놀고 함께 웃었다. 노아와 댄이 낄낄거림을 멈추지 못하고 웃고 떠드는 소리를 처음 들은 날을 지금도 기억한다. 그 순간 나는 이런 생각을 했다.

"저런! 내가 한 번도 들어 본 적 없는 소리네!"

웃음소리뿐만이 아니었다. 아이들의 성장 과정은 내 어린 시절과는 모든 면에서 완전히 달랐다. 나는 세 살 때 누나의 죽음을 경험했다. 백혈병을 앓았던 누나는 나보다 두 살 많았고 형보다는 세 살 어렸는데, 누나에 대한 내 기억은 두 가지뿐이다.

하나는 아버지가 우리 집 뒷골목에서 누나를 안고 있는 모습이다. 우리 집은 필라델피아 서쪽의 임시건물이 즐비한 골목에 있었는데, 어느 무더운 여름날이었다. 말벌들이 누나 곁을 윙윙거리며 날고 있었다. 누나는 겁을 먹었고 아버지는 손수건을 흔들어 말벌들을 쫓으셨다.

"괜찮아, 수지. 괜찮아. 아빠가 지켜줄게."

울음을 터트린 누나를 다독이며 약속했지만 아버지는 결국 그 약속을 지키지 못했다.

누나에 대한 다른 기억에는 정작 누나의 모습이 등장하지 않는다. 아마도 누나가 병원에서 죽어가고 있을 때이거나 벌써 죽은 후였는지도 모른다. 토요일 아침이었는데 부모님과 나는 에스더 고모와 함께 병원으로 향했고, 형은 다른 고모와 함께 집에 남아 있었다. 차 안에는 깊은 체념의 분위기가 무겁게 퍼져 있었고 이젠 정말 누나와 이별해야 할 시간이 왔다는 걸 모두 알고 있었다.

나는 너무 어려 병원에 들어갈 수 없었기 때문에 차 안에 홀로 남았다. 도대체 부모님은 왜 나를 그곳에 데리고 가셨던 걸까? 차창 밖으로 검은 철근 울타리와 거대한 노란 벽돌로 지어진 병원 건물이 보였다. 얼마나 지났을까? 에스더 고모는 휴지로 젖은 눈가를 두드리며 수지 누나의 죽음을 알려 주었다.

우리 집에는 누나의 사진이 딱 한 장 걸려 있었다. 나는 23년간 딱 한 장의 사진 속에서만 누나의 모습을 확인할 수 있었다. 수많은 다른 사진들과 함께 피아노 위에 놓여 있었는데, 사진 속 수지 누나는 금발 머리를 땋아 내리고 기쁨에 넘치는 얼굴로 보조개가 쏙 들어가게 웃고 있었다. 때때로 그 사진을 몇 분 동안 들여다보고는 했다. 나는 사진 속의 소녀에 대해 무언가 알아내고 싶었다.

하지만 그건 그저 한 장의 사진일 뿐이었고, 언제부터인가 사진 속의 소녀는 더는 나와 아무런 상관이 없는 것처럼 느껴졌다. 우리 사이엔 내가 기억해 낼 수 있는 어떤 연결점도 없었다.

부모님은 형이 수지 누나의 죽음을 받아들일 수 있을 만큼 충분히 컸다고 여기신 반면 나는 수지 누나의 죽음에 영향을 받기에는 너무 어리다고 생각하시는 듯했다. 그러나 부모님의 생각은 완전히 틀린 것이었다. 두 분은 주변에서 일어나는 사건을 이해하는 아이들의 능력에 대해 완전히 잘못 알고 계셨다.

어머니는 집안 누구도 수지 누나에 대한 이야기를 입 밖에 내지 못하게 했다. 자연히 나와 형은 누나에게 어떤 일이 있었는지 정확하게 알지 못했고, 가족 누구도 누나를 잃은 슬픔과 고통에 대해 이야기할 수 없었다. 어머니는 마치 수지 누나가 세상에 존재한 적도 없는 것처럼 행동하셨다.

아버지는 아주 자신만만한 분으로 열여섯 살 때 고등학교를 졸업하셨다. 동네에서 어떤 수재도 그렇게 어린 나이에 고등학교를 졸업한 적은 없었다. 그리고 열아홉 살에 워튼컬리지를 거쳐 펜실베이니아 로스쿨을 졸업하고 준프로 농구선수로도 활약했다. 나중에는 지역 정치에 깊이 관여하기 시작하셨는데 거친 정치판에서 거침없이 입지를 넓혀나가시며 결국 그 지역 민주당의 변호사까지 되셨다. 더욱 자신감을 얻은 아버지는 지역 최고의 미녀

였던 어머니에게 청혼했고 결혼에 성공했다. 그리고 평생의 목표였던 판사가 되었다. 아버지는 정직과 인간미, 공평무사함으로 유명했고 법조인으로서 많은 사랑을 받으며, 수많은 젊은 변호사들의 멘토 역할을 하셨다.

그러나 정작 나는 아버지와의 관계가 좋지 못했다. 아마도 다른 많은 이들을 돌보느라 정작 자식을 이해할 시간은 없으셨던 것 같다. 특히 수지 누나가 세상을 떠난 뒤 아버지는 자식들을 좀 더 통제해야 한다고 생각하신 것 같다. 항상 나를 판단하셨고 나는 늘 그 기준에 못 미쳤다. 내가 보기에 아버지는 언제나 냉담하고 늘 화가 난 것처럼 보였고 가까이하기 어려운 사람이었다. 고민이나 어려움이 있어도 화를 내거나 실망하실까 봐 모든 것을 털어놓지 못했다.

암 진단을 받은 후 아버지는 소중한 사람들과 점심이나 저녁을 함께하며 남은 시간을 보내셨는데도 나에게는 끝까지 그런 기회도 없었다. 아버지께서 돌아가시던 날 아침 나는 누워 계시던 아버지를 바라보았다. 그러나 안타깝게도 내 앞에 누운 아버지에게 어떤 특별한 감정을 느낄 수 없었다. 소중한 사람을 잃는다는 비통함도 희미했다. 내 앞에 누운 이는 낯선 사람이나 매한가지였다. 우리 사이엔 아무런 연결점도 없었다. 어느 날 수지 누나의 사진을 보며 느꼈던 감정과 비슷했다.

죽은 사람의 삶은 우리에게 교훈을 남긴다. 그리고 세 살에 누이를 잃은 사람은 많은 것을 두려워하게 된다. 예상하지 못한 전화가 오면 분명히 나쁜 소식일 거라 생각하는 것도 그 때문이다. 두 아이의 아버지가 되기 전까지 나는 이런 '이름 없는 두려움'에 자주 빠져들곤 했다. 예를 들면 이런 식이다.

　속죄일은 유대교인에게 가장 두려운 날이다. 그날 신은 우리의 신앙심과 과거의 행위에 근거해 다음 해에 일어날 일을 기록하기 때문이다. 그런데 어느 날 예배를 마친 제니퍼와 나는 주차해 둔 차에 붙어 있는 주차 딱지를 발견한 적이 있었다. 그건 마치 우릴 기다리고 있는 재앙의 전초 같았고, 나는 '이름 없는 두려움'을 느껴야 했다.

　그런데 그 일이 있은 지 사흘 만에 우린 골든 크래들로부터 전화를 받았다. 내가 정체를 알 수 없었던 두려움들에서 빠져 나오는 순간이었고, 이후 나는 단 한 번도 그런 기분을 느낀 적이 없었다. 아이들은 말 그대로 모든 면에서 나와 우리 가족의 삶을 바꾸어 놓았다.

　내가 아버지에게서 '아버지의 역할'에 대해 배운 것은 갑자기 화를 버럭 내는 것이 아이들에게 얼마나 나쁜 영향을 주는지 같은 것들이었다. 쌍둥이들을 키우면서 스스로 가장 실망한 순간은 내가 너무나 권위주의적으로 행동하고 순간순간 화를 낸다고 느껐을 때였다. 아버지의 모습을 닮아가고 있다는 사실에 나는 좌절감을 느꼈다. 아이들이 날 두려워하게 하고 싶지는 않았다.

아버지가 되었을 때 내가 느낀 책임감은 실로 막중했다. 커다란 배를 몰기 위해 갑판에 오른 요리 학교 졸업생의 심정이 이런 걸까? 그러나 이제는 알 것 같다. 좋은 아버지가 되는 법을 배우는 길은 단 하나, 아버지가 되어 보는 것 뿐이었다. 30년간의 변호사 생활은 아버지가 되는 데 아무런 도움도 되지 않았다.

법조계에서 신참 변호사에게 강조하는 원칙이 하나 있다.

'절대로 상대에게 당신이 답을 알지 못하는 질문을 하지 마라.'

그런 질문은 승소에 잠재적으로 지장을 줄 수 있기 때문이다. 그러나 때때로 아버지는 아이들에게 정답을 모르는 질문을 던져야 할 때가 있다. 가령 그 대답이 정말로 듣고 싶지 않은 것일지라도.

노아와 댄에게는 친부모가 붙여준 이름이 있었다. 테디우스와 바질. 친구 중 한 명은 내게 이렇게 말했다.

"덕분에 아이들은 지금의 '정상적인' 이름에 영원히 감사할 것 같군."

노아가 5학년 때 '금주의 주인공'에 뽑혔을 때의 일이다. 다른 아이들과 마찬가지로 노아 역시 반 친구들에게 자신에 대해 이야기해야 했다. 형제는 몇 명이고 애완동물은 키우는지, 부모님은 어떤 분이시고 무슨 일을 하시는지……. 나는 노아의 이야기가 온전한 것이 되려면 노아의 출생 또한 거기에 포함되어야 한다고 생각했다.

그날도 다른 날처럼 아이들을 데리러 학교에 갔다. 두 아이가 뒷좌석에 올라타 안전띠를 맸을 때 나는 물었다.

"오늘 어땠니?"

"아주 좋았어요."

댄이 곧장 대답했다.

"괜찮았어요."

노아는 창밖으로 시선을 돌리며 퉁명스럽게 내뱉었다. 노아의 마음속에서 지금 어떤 일이 벌어지고 있는지 감지할 수 있을 것 같았다. 그리고 바로 그 순간이 왔다. 내가 답을 알지 못하는 질문을 던져야 할 순간 말이다. 게다가 질문이 일으킬 파문 또한 예측할 수 없었다.

"혹시 다른 친구들과 다르게 느끼니? 너희가 입양되었다는 이유 때문에 말이다."

"전혀요."

댄이 말했다.

"예, 가끔요."

노아가 대답했다.

"그래?"

백미러를 통해 노아를 바라보며 되물었다.

"어떻게 다르다고 느끼는데?"

"글쎄요, 때때로 만약 입양되지 않았다면 우리 삶이 어떻게 달라졌을까 하는 생각을 해요."

댄은 순식간에 몸을 돌려 노아의 왼쪽 어깨를 치며 이렇게 말했다.

"분명한 건 너는 테디우스, 난 바질이 되었을 거란 사실이지!"

댄의 한 마디로 순식간에 모든 긴장은 깨졌고 침울함은 웃음 속에 녹아내려 버렸다.

아버지가 되기 전에 난 고독을 즐기는 남자였고, 때때로 혼자 떠나는 여행은 삶의 또 다른 에너지였다. 그러나 아이들은 이런 나조차도 싹 바꿔 버렸다.

아이들이 고등학교 졸업반이 된 어느 노동절 연휴였다. 우린 뉴저지 해변으로 놀러 갈 계획을 세웠는데 노아는 예정에 없던 일이 생겨 집에 남아 숙제를 해야 했고, 댄은 노아를 떼어 놓고 가긴 싫다고 버텼다. 게다가 아내는 아이들만 집에 남겨둘 수는 없다고 했다. 결국 난 혼자 휴가를 떠날 수밖에 없었다.

그곳에는 우리 집을 포함해 단 두 채의 집만 남아 있었는데 그

중 한 채가 1960년대 중반 우리 가족들이 살던 곳이었다. 이 집은 방 세 개짜리 작은 집으로 내 어린 시절은 물론 우리 가족의 추억이 깃들어 있는 곳이기도 했다. 나는 고등학교 2학년 때부터 여름마다 그곳을 찾았고 그때마다 느낀 자유로움은 내 삶의 빼놓을 수 없는 일부가 되었다.

그런데 이제 나는 그곳에 혼자 머무는 게 편하지 않았다. 고독을 즐기던 남자, 내가 말이다. 해변의 그 집을 떠나면서 나는 항상 다음 해 여름 다시 이곳에 와 문을 열 동안 내 삶에 또 어떤 일들이 벌어질지 상상했다. 해변 별장의 거실에는 우기가 물어뜯기 좋아하는 장난감 한 개가 덩그러니 놓여 있었다. 그 모습이 왠지 쓸쓸했다.

'우리가 소중히 여기는 모든 것들이 실은 얼마나 잃기 쉬운 것들이란 말인가!'

올해가 지나면 아이들은 또 다른 삶을 찾아 집을 떠날 것이다. 순간 아이들의 모습이 마치 주마등처럼 눈앞에서 차례로 나타났다 사라졌다. 뛰어다니는 모습, 웃는 모습, 부서지는 파도 옆 부두 위에 서 있는 모습, 모래성을 쌓고 작은 구덩이를 파는 모습, 제니퍼와 함께 파도 속을 신나게 뛰어다니는 모습. 아이들이 아주 어렸을 때 밤마다 아이들을 재우기 위해 해변 이리저리로 드라이브하던 기억도 떠올랐다. 파도가 밀려드는 부두 위에 쌍둥이들이 서 있는 모습도 생생하게 떠오른다. 아이들은 각각 모자 달린 내 운동복 상의를 입고 있었는데 옷이 너무 커서 발목까지 내려왔다. 집에 들어오기 전에 마당에 있는 호스로 몸에 묻은 모래를 씻어내며 깔깔거리며 웃고 장난치던 아이들의 소리와 그 모습들…….

어머니가 우리를 위해 저녁을 차려 주시던 기억도 나고 잠든 아이들을 거실 소파에 누이던 기억도 났다. 그리고 갓 빨아 놓은 이불에서 풍겨 나오던 좋은 냄새와 아이들의 피부에서 맡을 수 있었던 신선한 냄새까지……. 나는 아이들의 새빨간 머리를 떠올리며 따뜻한 체온을 느끼고는 했고, 너무 신이 나게 놀다가 완전히 지쳐버린 아이들은 내 눈앞에서 천국처럼 달콤한 잠에 빠져들었다.

아이들이 나 때문에 더욱 즐거워 할 때면 나는 완전한 만족감을 느꼈다. 특히 저 먼 곳에서 들려오는 천둥소리처럼 집안에 아이들의 웃음소리가 울려 퍼질 때면 너무나도 신비로운 기분이 들었다.

"도대체 내 삶에 어떻게 이런 일이 일어난 거지?"

모든 것은 너무 빨리 지나가 버렸고 그 순간들을 되돌이킬 수도 없겠지만, 하나 분명한 건 나와 제니퍼는 앞으로 녀석들과 함께 더 많은 이야기를 만들어 갈 거란 사실이다. 나는 정말이지 운이 좋은 남자다.

4
너를 만난 건 두 번째 기적!

2002년 1월, 오랜 시간 동안 우리와 함께해 온 고양이 버지가 죽어 가고 있었다. 나이가 많은 녀석의 몸은 점점 쇠약해졌고 다시 예전의 모습으로 돌아가기는 힘들어 보였다. 그 모습을 지켜보는 건 너무나 힘들었다. 마치 영화 속에서 자동차가 충돌하는 장면을 아주 느린 화면으로 보는 것 같은 기분이었다. 버지는 너무 고통스러워하는데도 나에게는 이 영화의 결말을 바꿀 힘이 없었다.

  버지가 처음 구조되었을 때 녀석은 고작 생후 5주 된 새끼 고양이었다. 당시 두 눈은 너무 심하게 감염되어 있었고, 몸무게는 터무니없이 가벼워 누구도 살아날 거라고 예상하지 못했다. 사실 버지는 내가 원하는 스타일의 고양이가 아니었다. 난 흰색 바탕에 검은 점박이가 있는 고양이를 원했지만 녀석은 완전히 반대였다.

그런 녀석을 처음 본 건 동물구조협회 사무실에서였다. 고양이들이 대개 낯을 심하게 가리는 것과는 달리 녀석은 처음 본 내 어깨에 거침없이 올라왔다. 나는 조금 놀랐다. 그런데 이건 시작에 불과했다. 녀석이 내려올 생각을 하지 않고 버티다가 그 자리에 그대로 잠이 들어 버리는 것이 아닌가!

"갸르릉. 갸르릉."

이 당돌한 녀석의 사랑스러움에 나는 정말이지 얼이 빠질 지경이었다. 그리고 이렇게 마음먹었다. 만약 녀석이 내일도 이곳에 그대로 있다면 내가 데려가야지!

다음 날 설레는 마음으로 그곳을 다시 찾았을 때 녀석은 거기 그대로 있었고, 그렇게 운명적으로 우리의 가족이 되었다.

버지는 사람을 무척이나 좋아했다. 처음 만났을 때처럼 종종 내 어깨 위에 올라탄 채 집안 구석구석을 돌아다니기도 했고, 낯선 친척 어른들의 무릎 위로 뛰어 올라와 몸을 동그랗게 구부리고 '갸르릉' 거리는 소리를 내며 잠들어 버리기도 했다. 쌍둥이들에게 버지는 사랑스러운 친구이자 동반자였다. 녀석은 특유의 매력으로 온 집안을 가득 채우고 모든 사람을 자신의 팬으로 만들었다. 그랬던 버지가 이제는 열네 살의 늙은 고양이가 되어 생의 마지막 순간에 직면해 있었다.

어느 금요일 저녁 일을 마치고 돌아왔을 때 나는 식탁 밑에 웅크리고 있는 버지를 발견했다. 자세히 보니 녀석은 자신의 배설물 위에 그대로 누워 있었다. 그렇게도 깔끔했던 녀석이 얼마나 힘들었으면……. 따뜻하고 축축한 물수건에 고양이용 샴푸를 묻혀 녀석의 몸을 닦아주는 내내, 그리고 그 이후로도 오랫동안 가슴에 커다란 구멍 하나가 뻥 뚫린 느낌을 어찌해야 할지 알 수 없었다. 그날은 간만에 가족들과 영화를 보기로 한 날이었다. 하지만 녀석이 걱정되어 도무지 영화에 집중할 수 없었다.

'버지와 함께 있어 줘야 해.'

나는 결국 일어나 집으로 향했고 버지 곁에 앉아 녀석이 잠들 때까지 책을 읽었다. 그날 밤 나는 베개와 담요를 가져와 녀석의 옆자리에 폈다. 그리고 밤새 새우잠을 청했다.

다음 날 아침 동물병원이 문을 열자마자 전화를 걸었다.

"버지가 많이 안 좋아요. 데려가겠습니다."

아이들은 함께 가고 싶다고 했다. 쌍둥이들은 오늘이 지난 14년 동안 항상 아이들과 함께했던 녀석을 볼 수 있는 마지막 날이라는 걸 직감한 것 같았다. 사랑했던 동물의 마지막 길에 조금이나마 함께 해 주고 싶어 하는 아이들의 용기가 놀라웠다.

이동용 고양이 집에 담요를 깔고 버지를 조심스레 앉힌 후 내 옆자리에 두고 운전하는 내내 손가락으로 버지를 쓰다듬었다. 난 녀석을 안심시키고 싶었다.

"착하지, 버지. 아빠가 함께 있으니까 아무것도 걱정하지 않아도 된단다. 알겠지?"

병원에 도착하자 직원이 조심스레 버지를 진찰대 위에 올려놓았다. 피터 박사가 말했다.

"비앙코 원장님이 월요일 오전에 댁으로 전화를 주실 겁니다."

병원을 막 나서려는 순간, 다른 직원 한 명이 목줄을 한 아주 하얀 강아지와 함께 들어서는 모습이 보였다. 강아지는 산책하고 싶어 안달이 난 것 같았다. 몸집에 어울리지 않는 힘으로 바닥을 긁어대고 문을 빠져나가려 안간힘을 쓰고 있었다. 그런데 자세히 보니 녀석은 좀 특별했다. 오른쪽 얼굴은 더없이 귀여웠지만, 왼쪽 얼굴은 온통 분홍빛 상처로 뒤덮여 있었다. 그 모습은 말로 형언하기 어려울 만큼 기묘했다. 마치 뜨거운 불에 녹아내린 듯한 모습이랄까? 머리는 부어올라 일그러져 보였고, 아랫입술의 뒷부분은 턱선 아래로 축 늘어져 있었다. 왼쪽 귀가 있어야 할 자리에는 엄지손가락 높이의 울퉁불퉁한 살이 마치 그루터기처럼 서 있었다.

우리를 보자 녀석은 아주 이상한 춤을 추기 시작했다. 머리와 엉덩이를 각각 다른 방향으로 흔들어 대며 마치 날아오르기라도 할 듯이 꼬리로 세차게 바닥을 내리치고, 우리의 관심을 끌려는 듯 네 발을 바닥에 대고 빙그르르 돌기도 했다. 그러면서 녀석은 우리를 향해 다가오려 안간힘을 쓰고 있었다. 노아가 녀석의 앞에 한쪽 무릎을 꿇고 앉았다. 그러자 녀석은 폭발적인 힘을 발휘했고, 직원은 줄을 놓쳐 버리고 말았다. 강아지는 노아의 가슴에 격렬하게 안겼고, 덕분에 노아는 뒤로 나자빠지고 말았다. 강아지는 완전히 바닥에 뻗어 버린 노아의 가슴팍에 올라가 쉴 새 없이 얼굴을 핥아 댔다. 댄이 다가가 녀석을 쓰다듬기 시작하자 이번에는 댄에게 달려들어 홀짝홀짝 얼굴을 핥기 시작했다. 쌍둥이는 어느새 정신없이 웃어대고 있었다.

어쩐지 나도 저들 틈에 끼고 싶다는 충동이 들었다. 녀석을 쓰다듬어 주었다. 세상에! 지금껏 그토록 부드러운 털을 가진 동물을 만난 적이 없었다. 마치 아주 부드러운 천으로 만든 인형에 누군가 생명을 불어넣은 것 같았다. 난 얼굴과 목을 핥는 녀석을 조심스레 안아 올렸다. 강아지는 쉴 새 없이 나와 노아, 댄의 얼굴에 키스를 퍼부었고, 우리는 속수무책으로 녀석과 사랑에 빠지고 말았다. 사태를 짐작한 직원이 조용히 다가와 강아지의 목줄을 풀어 주었다. 녀석은 그렇게 순식간에 우리의 삶에 뛰어들어 왔다. 첫눈에 우리가 자신의 가족이 될 거란 사실을 알아차린 것처럼, 태어나서 지금까지 쭉 데리러 와 주기만을 기다리고 있었다는 듯……. 갑자기 녀석에 대한 많은 것들이 궁금해졌다.

"도대체 녀석에게 어떤 일이 있었던 거죠?"

아마도 화상을 입었을 거라고 짐작하며 던졌던 나의 물음에 피터 박사는 너무도 담담하게 대답했다.

"미끼견이었습니다."

"네? 미끼견이요?"

나는 되물을 수밖에 없었다. 박사의 대답이 담고 있는 심각성을 가늠하는 데 시간이 좀 걸렸기 때문이다.

"미끼견이 뭐죠?"

처음 들어 보는 말이었지만 뭔가 대단히 불쾌한 용어였다.

"녀석은 투견들의 미끼로 쓰였어요. 개들에게 싸움을 가르치는 방법이죠. 업자들은 구할 수 있는 모든 걸 가리지 않고 미끼견으로 쓰죠. 푸들이든 고양이든, 아무리 작은 강아지라도요."

"대체 미끼견은 어디서 구하죠?"

"떠돌이 개를 데리고 가거나 납치하기도 하죠."

어떻게 그런 일이 있을 수 있느냐고 흥분하는 나를 보며 박사는 말을 이어 갔다.

"그들은 투견 판에서 돈을 벌 수 있는 일이라면 수단과 방법을 가리지 않아요."

이 작은 강아지가 겪은 일은 도저히 받아들이기 어려울 정도로 끔찍한 것이었다. 어떤 상황에서도 절대 일어나선 안 되는 일이었고, 너무나 역겨운 행위였다.

녀석의 주둥이는 크고 새까만 코를 향해 점점 좁아진 모습이었고, 넓은 이마는 알고 보니 부상과 수술 때문에 부어오른 것이었다. 이 강아지에겐 눈이 부시게 특별한 무언가가 있었다.

"불테리어 종인가요?"

피터 박사가 웃으며 대답했다.

"아니요, 핏불입니다."

"도대체 녀석은 어디서 온 거죠?"

댄이 물었다.

"주말에 응급실로 실려 왔단다. 경찰이 급습한 현장에서 발견했다는구나. 우리 안에서 피를 흘리며 죽어가는 걸 데려왔지."

"녀석이 발견된 곳이 정확히 어딘지 아시나요?"

"글쎄요. 제가 아는 건 비앙코 박사님이 네 시간여의 수술 끝에 이 녀석을 살렸다는 것뿐입니다."

"몇 살이죠?"

이번엔 노아가 물었다.

"정확히는 모르겠지만 4개월 정도 된 것 같구나. 여기 온 지는 한 달 정도 되었단다."

녀석은 여전히 키스를 퍼부으며 우리 사이를 왔다 갔다 하느라 정신이 없었다. 그때 녀석의 목욕 시간이 되었다며 직원이 강아지를 데리러 왔다. 우리는 작별인사를 한 후에도 문을 나서는 녀석의 모습에서 눈을 떼지 못했다.

"주인이 누구죠?"

질문을 하면서도 솔직히 녀석이 혼자이길 바랐다. 하지만 저렇게 매력적인 녀석이니 분명히 주인이 있을 거라는 생각이 들었다. 게다가 녀석이 2주 동안 병원에서 받은 치료비용도 만만치 않을 터였다.

"아직 주인이 없어요."

'세상에! 난 정말이지 운이 좋은 놈이야. 감사합니다. 하나님.'

아이들의 얼굴이 동시에 환해졌다.

"이 녀석, 우리가 입양할까?"

"네!"

단 일 초도 망설이지 않고 쌍둥이들이 외쳤다.

"박사님, 아내와 상의하고 월요일에 전화 드리겠습니다. 그때까지 아무에게도 녀석을 넘기시면 안 됩니다. 약속하시죠?"

"물론입니다! 녀석도 이 사실을 알면 아마도 기뻐서 날뛸 겁니다."

아이들과 나는 너무 좋아 아찔할 지경이었다. 녀석을 빨리 집에 데려오고 싶어 견딜 수가 없었다. 집으로 돌아오자마자 우린 너나 할 것 없이 제니퍼에게 매력적인 강아지에 대해 늘어놓기 시작했다.

그런데 아내는 기대했던 만큼 열광적인 반응을 보이지 않았다. 사실 아내는 녀석을 입양하는 걸 반대했다. 그럴 만한 이유는 충분했다. 우리 가족은 얼마 전에도 구조된 개를 입양한 적이 있었는데, 그 개가 아이들의 친구 한 명을 별다른 이유 없이 물어 곤욕을 치렀기 때문이다. 그 아이는 얼굴에 깊은 상처를 입고 열한 바늘이나 꿰맸었다.

"학대당한 개가 다른 개나 사람을 공격할 가능성이 크다는 걸 당신도 잘 알잖아요."

"알아, 당신의 말은 충분히 이해해. 하지만 일단 병원에 가서 녀석을 만나봐. 분명히 당신도 반할 거야. 그래도 마음이 놓이지 않으면 비앙카 박사님과 상담을 해 보자. 응?"

"알았어요, 그렇게 하죠. 하지만 개를 데려오는 건 비앙카 박사가 보증해 줄 때만 가능해요. 개가 위협적인 반응을 보이지 않을 거란 확실한 보증 말이에요. 만약 박사가 조금이라도 망설이거나 한다면 절대 그 개를 데려오지 않을 거예요."

수년 후 아내는 이런 고백을 했다.

"솔직히 그땐 '비앙카 박사도 분명 그렇게 확실하게 보증해 주진 못할 거야.' 생각했어요."

제니퍼의 확신이 무너지는 데는 오랜 시간이 걸리지 않았다. 아내와 내가 비앙카 박사를 찾았을 때 그는 확신에 찬 눈빛으로 말했다.

"녀석은 정말이지 행복하기 짝이 없는 개예요. 지금껏 만난 개 중 가장 유쾌한 놈이라니까요."

그러고는 이렇게 덧붙였다.

"만약 나머지 얼굴까지 온전했다면 여기서 얼마나 더 유쾌할지 도무지 상상할 수 없을 정도라면 말 다했지요?"

박사와 나, 그리고 아내는 강아지가 있는 진찰실을 찾았다. 녀석은 박사가 옆구리를 어루만지자 철제 진찰대 위에 몸을 뉘었다. 내가 머리를 쓰다듬자 고개를 바짝 쳐들었다. 녀석의 깊은 눈동자가 우릴 응시했고, 꼬리는 느릿하고 일정한 리듬에 맞춰 진찰대를 내리쳤다. 나는 녀석의 목을 어루만지다가 예전에 귀가 있었을 부분 뒤쪽을 마사지하듯 문질러 주었다. 그 부드러운 감촉을 느끼는 동안 녀석은 다시 머리를 진찰대 위에 뉘었다.

"지난번 입양했던 개가 사람을 물었던 적이 있어요. 열 살짜리 아이가 열 바늘 넘게 꿰매고 시력까지 잃을 뻔했으니 정말 끔찍한 일이었죠."

아내는 녀석의 귀여운 모습에 매력을 느끼면서도 쉽게 걱정을 떨치지는 못하는 것 같았다.

"이 강아지는 학대 경험이 있는 핏불이잖아요. 제가 알고 싶은 건 녀석이 앞으로 결코 누구도 해치지 않을 거란 사실을 어떻게 확신할 수 있느냐죠.”

비앙코 박사는 아내의 눈을 똑바로 바라보며 한 치의 망설임도 없이 이렇게 말했다.

"이 아이는 천성적으로 야비한 구석이 조금도 없어요. 녀석은 절대 누구도 물지 않을 겁니다. 지금도, 그리고 언제까지나 말입니다.”

세상에! 박사는 나와 녀석을 위해 곤란해질 수도 있는 말을 하고 있었다. 도대체 어떻게 저렇게 자신 있게 말할 수 있을까?

"그래요, 한 번 키워 보죠!"

감사하게도 아내는 강아지를 받아들이기로 했다.

"친구, 넌 이제 우리 가족이 되는 거야!"

강아지는 고개를 바짝 세웠다. 꼬리는 계속해서 진찰대를 내리치고 있었다.

"녀석! 벌써 눈치챘구나!"

내가 녀석과 기쁨을 나누는 사이 박사는 녀석에 관한 몇 가지를 일러 주었다.

"중성화 수술은 이미 마쳤고요, 맞아야 할 주사도 다 맞은 상태입니다. 밤에는 다이앤이 녀석을 집에 데려가 재웠어요. 다이앤은 녀석 말고도 두 아이와 여섯 마리의 동물을 키우고 있는데, 그 녀석들과 잘 지내는지 다시 한 번 확인해 드릴게요. 아, 그리고 다이앤이 배변 훈련을 시켜서 보내 드릴 거예요. 훈련이 마무리되면 전화 드리겠습니다."

그러고는 이렇게 덧붙였다.

"우리 직원 모두 레빈 씨네 가족들이 개를 얼마나 사랑하는지 잘 압니다. 레빈 씨가 녀석을 맞아주어 저희도 얼마나 감사한지 몰라요. 아주 잘 된 일이에요."

정말 잘된 일이었다. 녀석에게는 물론 우리 가족에게도 이번 일은 그야말로 환상적이었다. 나는 녀석의 몸을 어루만졌다. 상처 부위는 가죽과 같은 느낌이었고 상처가 끝나는 부분의 털은 너무나 부드러웠다.

'네가 우리와 함께 있으면서 안전하다고, 사랑받고 있다고 확신했으면 좋겠어. 꼭 그렇게 해 줄게! 믿지?'

녀석은 처음부터 기꺼이 우리를 신뢰했다. 난 그걸 느낄 수 있었다. 토요일 아침만 해도 우린 버지를 잃는다는 슬픔과 실의에 빠져 있었다. 그런데 이 절망감은 아무런 예고도 없이 엄청난 행운이 되어 돌아왔다. 자신을 잃고 실의에 빠질 아이들을 위한 버지의 선물은 아니었을까? 몇 번을 생각해도 정말 여러모로 아주 잘 된 일이었다.

녀석이 오기 전에 이름을 정해야 했다. 음… 솔직히 녀석이 못생긴 개란 사실은 부인할 수 없었다. 녀석의 얼굴을 본뜬 탈이 있다면 누구도 쓰고 싶어 하지 않으리라. 하지만 녀석에게 '어글리ugly'라는 이름을 붙여주고 싶진 않았다. 그때 불현듯 어린 시절 내가 쓰던 표현 하나가 떠올랐다.

"너 참 우글리oogly한 스웨터를 입었구나!"

갑자기 "우기!"라는 이름이 떠올랐다. 정말이지 딱 맞는 이름이었다.

우리 가족은 여러 주 동안 버지의 죽음을 애도했다. 녀석과 나누었던 두터운 애정을 그리운 마음으로 기억하며……. 그리고 그 자리에 특별하고 못생긴 개 우기가 뛰어들어 왔고, 버지를 잃은 슬픔은 새로운 기쁨으로 채워졌다.

5
두 번 다시 나쁜 일은 없을 거야

 우기를 입양하기로 한 후 열흘 동안 나는 새 식구 맞을 준비에 바빴다. 일 년 하고도 6개월 만에 맞이하게 된 강아지라 챙겨야 할 것들이 많았다. 찬장과 서랍을 뒤져 깊이 넣어 두었던 밥그릇과 물그릇을 다시 꺼내고, 목줄과 빗도 찾아냈다. 강아지가 깔고 자게 될 낡고 부드러운 담요도 골랐다.
 마트에 가서 초록색 목걸이와 뼈다귀 모양의 금속 목걸이도 샀다. 목걸이에는 '우기'라는 이름과 우리 집 전화번호를 새겨 넣고, 개 껌 몇 개와 치실도 샀다. 물어뜯고 놀 수 있는 부드러운 장난감도 잔뜩 샀다. 그런데 녀석의 밥이 문제였다. 개들의 사료나 캔음식 중 상당수가 음식 찌꺼기와 해로운 화학성분을 넣어 제조

된다는 사실을 알고 있었기 때문이다. 캔에 든 개밥과 건조 사료를 살펴보며 어떤 성분으로 만들어졌는지 꼼꼼히 비교하고, 가장 믿을 만하고 영양이 풍부한 상품을 고르기 위해 세밀하게 검토했지만 뭘 사야 할지 쉽게 결정할 수 없었다. 그리고 당시에는 몰랐지만 우리 가족이 우기에게 꼭 맞는 음식을 찾는 데는 그 후로도 몇 년이 더 걸렸다.

"따르릉"

일주일이 지난 어느 날 저녁 전화벨이 울렸다. 다이앤이었다.

"내일 오전 중에 집에 계시나요? 강아지가 새로운 가족들을 만날 준비를 모두 마쳤답니다!"

"그럼요!"

드디어 녀석이 온다! 시간이 없어도 만들어야 할 판이었다.

"이름은 정하셨나요?"

"우기라고 부르기로 했습니다."

수화기 너머로 다이앤의 유쾌한 웃음소리가 들려왔다.

"제가 엘리라고 불렀으니 똑같이 두 음절이라 익숙해지는 데 별문제는 없겠네요."

그날 저녁 가벼운 흥분이 집안 가득 퍼졌다. 하지만 가족 누구도 우기 때문에 우리 삶이 그토록 근본적으로 변화할 거라곤 예상하지 못했다.

드디어 날이 밝았다. 모두 나가고 집에는 나 혼자뿐이었다. 마당에 나가 우편함 근처에 떨어진 신문을 주워들고, 응접실 소파에 앉았다. 커피 한 잔을 더 마시며 신문을 처음부터 끝까지 꼼꼼히 읽기도 했다. 다 읽은 신문을 제니퍼가 퇴근 후 읽을 수 있도록 한편에 잘 접어 두고, 위층에 올라갔다. 샤워를 하고 세탁기에서 빨래를 꺼내 건조기에 던져 넣고 스위치를 눌렀다. 시간은 참 더디게도 지나가고 있었다.

드디어 다이앤의 차가 도착하는 소리가 들렸다. 나는 급히 밖으로 나가 다이앤이 건네는 짐들을 받아 들었다. 우기는 앞발을 뒷좌석 꼭대기에 올려놓고 나를 확인하고는 꼬리를 세차게 흔들며 짖기 시작했다. 우선 짐들을 부엌에 가져다 놓고 다시 밖으로 나와 천천히 차 뒷문을 열었다. 쏜살같이 달려드는 녀석을 번쩍 안아 들었다. 한쪽 팔로는 엉덩이를 받치고 다른 쪽 손으로는 귀와 머리를 쓰다듬었다. 녀석은 내 품에서 꿈틀대며 빠져나와 뒷발로 섰다. 얼굴을 핥기에 편한 자세였기 때문이다. 우기의 키스는 좀처럼 멈추지 않았다.

나는 녀석을 부엌으로 데려가 물그릇 옆에 내려놓았다. 우기는 슬쩍 냄새를 맡더니만 다시 나를 따라다녔다. 다이앤은 그 모습을 보며 애정을 듬뿍 담아 녀석의 별명을 불러 댔다.

"바보야, 그렇게 좋니?"

그녀는 다시 한 번 녀석에 관해 알아야 할 것 몇 가지를 확인해 주었다.

"우기는 저의 두 아이는 물론 다른 동물들과도 아주 잘 지냈어요. 우리 집 강아지가 이 녀석을 좀 질투했지만요. 이제 집에 있는 그 녀석도 안심하겠네요. 배변 훈련도 시켰고 우리 안에서 자는 데에도 익숙해졌어요. 우리를 사용해 보신 적이 있나요?"

"아뇨, 없습니다."

"개들은 우리 안에서 안전하다고 느낀답니다. 우기도 그럴 거예요."

쇼핑백 안에는 어린 강아지에게 꼭 필요한 물건들이 들어 있었다. 부드러운 장난감 몇 개, 벼룩과 이를 방지하는 제품, 사상충약, 그리고 2킬로그램짜리 건조 사료였다. 다이앤의 깊은 배려와 애정에 가슴이 따뜻해져 왔다.

"전 캔에 든 사료를 별로 좋아하지 않아요. 대부분 지방 성분이 가득한 해로운 제품이거든요. 사상충 약을 먹이는 것도 잊지 마시고요, 이가 생기지 않게 한 달에 한 번씩 이 로션을 발라주세요."

우기에 대한 그녀의 당부는 계속 이어졌다.

"우기는 차를 타면 멀미를 하는 경향이 있어요. 이건 설사 할 때 먹이는 약인데요, 녀석은 수술 후 음식을 먹기 아주 힘들어했어요. 겨우 씹을 수 있게 되었을 때도 제대로 소화를 시키는 데 어려움이 있었죠. 그때 먹였던 약이에요. 무엇보다 하루에 두 번씩 귀가 있던 자리의 상처를 닦아주셔야 해요. 이 부분이 건조해지면 우기가 불편함을 느낄 거예요."

다이앤은 거즈 한 통과 파란병에 든 보습을 위한 항생제 로션을 내게 건네주며 마지막으로 우리를 어디에 설치할지 물었다. 녀석의 잠자리를 소개하기 위해 복도를 걸어가는 동안 우기는 빠른 발걸음으로 우릴 따랐다.

"그나저나 우기란 이름은 어떻게 짓게 되신 거예요?"

"하하하! 어느 순간 영감이 '팍' 하고 떠오르더라고요."

다이앤은 녀석과 너무 잘 어울리는 이름이라 깜짝 놀랐다고 했다. 어쩐지 뿌듯한 기분이 들었다.

집안에서 가장 넓은 공간은 복도 끝 응접실이었다. 거기엔 가구가 거의 없었다. 아버지가 주신 어린이용 그랜드 피아노와 작은 소파 두 개, 그리고 그 사이에 놓인 탁자가 전부였다. 내 오래된 전축 장비들도 한 구석을 차지하고 있었지만, 9년 전 이사 온 이후 그것들은 먼지를 뒤집어쓴 채 소리 한 번 내지 못하고 있었다. 사실 그 방엔 나 말고는 들어 오는 사람도 거의 없었다. 토요일 오후 시끄러운 TV 소리를 피해 낱말 맞히기를 하기에 이보다 적당한 장소는 없었다.

다이앤이 우리를 설치하는 방법을 알려 주었다. 바닥을 보호하기 위해 낡고 커다란 수건을 깔고 우리 안에 미리 준비해 두었던 우기의 담요도 가져와 조심스레 깔았다. 부엌에서 아이들이 아주 어렸을 때 쓰던 플라스틱 그릇을 찾아 그 안에 물도 따라 주었다. 그릇엔 이젠 이름도 잊혀진 슈퍼히어로 캐릭터가 신나서 뛰어다니고 있었다.

떠나기 직전 다이앤은 무릎을 꿇고 앉아 우기를 꼭 안고 키스를 했다. 일어나면서도 그녀는 녀석의 머리 꼭대기를 계속 쓰다듬어 주었다.

"정말 사랑스럽고 놀라운 친구예요. 제 말이 무슨 뜻인지 머지않아 알게 되실 거예요. 정말로, 정말로 특별한 녀석이랍니다. 레빈 씨 가족과는 찰떡궁합일 겁니다. 녀석과 아주 즐거운 시간을 보내게 될 거고, 아이들은 결코 잊지 못할 최고의 친구를 얻게 될 거예요. 그럼 여섯 달 후, 검진 때 뵐게요."

그녀가 떠나고 처음으로 난 우기와 단둘이 남게 되었다. 위층에서 들려오는 건조기의 울림 말고는 모든 것이 아주 고요하고 평온했다. 식기세척기에 몸을 기대고 우기를 내려다보았다. 녀석도 기대에 찬 듯 고개를 약간 기울이고 꼬리를 흔들어 대면서 몸을 일으켜 세웠다. 앞으로의 삶은 지금까지와는 다를 거란 사실을 녀석은 알고 있을까?

"우기! 이제부터 이게 네 이름이란다. 우기, 우기, 우기, 우기, 너는 우기란다. 알겠지? 이제부터 너는 죽을 때까지 우기야. 그리고 영원히 우리 가족이 된 거야."

녀석이 모두 이해하는지 알 수 없었지만 그래도 나는 천천히 우리 가족들을 소개했다.

"난 아빠란다. 제니퍼가 엄마야. 노아와 댄은 열두 살이고, 분명히 넌 녀석들을 좋아하게 될 거야. 아주 재미있는 놈들이거든. 6학년이고 근처 학교에 다닌단다. 참! 고양이도 한 마리 있어. 이름은 마사. 지금 위층에 있단다. 글쎄 마사가 널 어떻게 생각할지는 모르겠다만 만약 문제가 생긴다면 우리가 해결해 줄게. 그런데 사실 마사는 아주 나이가 많아서 변하긴 힘들지도 몰라. 버지를 만날 수 없다니 참 안 됐구나. 녀석은 우리가 널 만난 주에 세상을 떠났단다. 사실 녀석 덕분에 널 만날 수 있었던 거지. 살아 있었다면 너랑 좋은 친구가 될 수 있었을 텐데."

나는 바닥에 누워 우기를 쓰다듬기 시작했다. 녀석은 내 손과 팔을 핥았고 얼굴에 끝없이 키스를 퍼부었다.

"넌 아주 잘 보살펴 줄게. 앞으로는 어떤 걱정도 하지 마. 걱정할 일 없을 거야. 내가 약속할게. 우리를 믿어 줄 거지?"

대답이 없었다. 내 말을 통 알아듣지 못하는 것 같았다. 하지만 우기는 그 커다란 초콜릿색 눈동자로 나를 빨아들이듯 응시했다.

"자, 하이파이브하자!"

물론 우기는 내 손을 마주쳐 주지 않았다.

"좋아, 그럼 이제 할 일을 시작하자."

일어나 우기의 새 목걸이와 이름표, 다이앤이 가져온 광견병 접종 확인증을 집어 들었다. 목걸이에 이름표를 단단히 매단 뒤 다시 자리에 앉아 우기를 무릎에 앉혔다.

"이제 됐다!"

우기의 코에 입을 맞추자 녀석이 내 얼굴을 핥았다.

"여기에는 네 이름이랑 우리 집 전화번호가 있어. 그러니까 놀다가 너무 멀리 가거나 길을 잃어도 너는 다시 집으로 돌아올 수 있단다."

우기에게 집 전화번호가 쓰인 목걸이를 걸어주자 녀석이 공식적으로 우리 가속이 된 것 같은 기분에 마음이 편안해졌다. 녀석을 바닥에 내려놓고 나는 다시 일어났다. 몇 발짝 떨어져 있었지만 우기는 내게서 한 번도 눈을 떼지 않았다. 우선 거즈 한 개를 꺼내 들고 반으로 자르고, 파란색 병에 든 로션을 묻혔다. 다시 차가운 부엌 바닥에 앉아 손바닥으로 무릎을 툭툭 쳤다.

"자, 이리 와 앉으렴."

우기는 바라보고만 있었다.

"친구, 이리 오라니까."

다시 무릎을 툭 쳤다. 우기는 여전히 바라만 봤다. 오른손에 젖은 거즈를 든 채 녀석을 안아 올렸다. 우기는 순순히 내 품에 안겼다. 그의 살은 따뜻하고 부드러웠지만 골격과 근육에서는 힘찬 기운이 느껴졌다. 모진 학대 끝에 녀석은 이렇게 내게 와 섰다. 나의 사랑과 도움을 기다리면서.

"두 번 다시 나쁜 일은 없을 거야."

두 손으로 내 다리 사이에 등을 보이며 앉은 녀석의 머리를 쓰다듬었다. 상처 난 부분과 온전한 부분을 똑같이 어루만져 주었다. 마치 둘 사이에 아무런 구분이 없는 것처럼. 그러고는 옆구리와 뒷다리 옆쪽을 만져 주었고 배를 긁어 주었다. 다시 천천히 머리로 손을 가져가 남아 있는 오른쪽 귀 뒷부분도 만져 주었다. 마침내 처음으로 우기의 왼쪽 얼굴, 분홍색 살이 그대로 드러난 상처 부위에 흠뻑 젖은 거즈를 갖다 댔다. 그 후 6개월 동안 나는 아침저녁으로 하루도 빠짐없이 우기의 상처를 닦아 주었다. 그러는 동안 조용히 녀석에게 말을 걸었다. 녀석이 당했던 끔찍한 일들까지 지워 주고 싶은 바람을 담아……. 맨 살에 파란 액체가 묻은 거즈를 대고 문지르면 거품이 하얗게 피어오르곤 했다. 그러는 내내 나는 조용히 녀석에게 말을 건다.

"그래, 착하지. 네 잘못이 아니야. 네가 나쁜 강아지이거나 존중받을 자격이 없는 개라서 그런 일이 일어난 게 아니야. 어떤 개도 그런 일을 당해서는 안 돼. 우린 널 정말 사랑한단다. 넌 정말 사랑스러워. 다신 두려워할 필요 없단다. 누구도, 무엇도 다시는 너를 아프게 할 수 없어."

상처를 닦아 줄 때면 우기는 미동도 없이 조용히 내게 몸을 내맡겼다. 정말 녀석이 내 말을 모두 이해하는지는 알 수 없었지만 나는 그저 녀석이 얼른 완벽히 건강해질 수 있길 바랐다. 상처가 완전히 나을 수 있도록 돌봐주고, 가장 아픈 기억을 떠올리게 하는 부분을 친밀하게 어루만져 준 것. 내가 우기와 처음으로 한 일이 바로 이 두 가지였다. 덕분에 그 뒤의 모든 일도 순조롭게 이루어진 것 같다. 난 우기의 상처를 어루만질 때 느껴지는 그 친밀함이 참 좋았다. 이 작고 놀라운 존재의 연약함을 보듬고 지켜 줄 수 있다는 게 좋았고, 다른 누구도 아닌 바로 내가 그 일을 할 수 있다는 사실이 너무 좋았다.

약을 다 바르고 우기의 개 껌을 쿠키를 담아 두었던 병에 넣고, 여러 가지 장난감들은 바구니에 한데 모아 넣었다. 그러는 동안 녀석은 내 곁을 계속해서 서성였다. 가족들의 약을 넣어 두는 장을 열어 다른 칸에 우기의 약을 채워 넣었다.

"따라오렴, 친구."

녀석은 꼬리를 흔들며 느긋하게 내 옆을 따라 걸었다. 복도를 지나 응접실로 들어섰다. 바로 한 시간 전, 내가 홀로 앉아 있던 그곳 말이다. 나는 소파에 앉아 옆자리를 가리키며 말했다.

"자, 이리 와 앉으렴."

녀석은 마치 너무 오랜 시간 그 말을 기다려 왔다는 듯 빠르게 내 옆으로 올라와 앉았다. 귀를 모아 쥐고 목을 어루만져 주자 우기는 내게 몸을 기댔다. 잠시 후 녀석은 콧소리를 내며 잠에 빠져들었다. 아마도 앞으로 나에게 더는 혼자만의 시간이 없을 거란 생각이 들었다. 그런데 그 사실이 어쩐지 짜릿하게 느껴졌다. 허벅지에 와 닿는 녀석의 따뜻한 체온도 참 좋았다.

자리에서 일어나 부엌으로 향했다. 잠에서 깬 우기가 바로 뒤따라왔다. 내가 탁자에 놓인 목줄을 집어 들자 녀석은 흥분하기 시작했다. 모직 코트를 걸치고, 뒷문을 열고 우기와 함께 마당으로 나갔다. 녀석은 마당 구석구석을 돌아다니며 냄새를 맡았다.

"하하하! 새로운 냄새들을 익히느라 바쁘지?"

마당을 두 바퀴나 샅샅이 돌고 나서야 다시 집으로 들어갔다. 줄을 풀어주고 이층으로 올라갔다. 어김없이 녀석은 나를 따라왔다. 침실로 들어서자 침대 한가운데 고양이 마사가 불쑥 솟아오른 이불 더미처럼 앉아 있었다. 명상에 잠긴 것 같은 표정이었다. 마사는 우기를 쳐다보지도 않았다. 녀석은 그런 마사가 못마땅한지 짧게 짖어 댔다.

"날 좀 봐 달라고!"

그래도 마사는 들은 척도 하지 않았다. 우기가 다시 한 번 짖어도 마찬가지였다. 나중에 안 사실이지만 우기는 다른 동물이 함께 놀아주지 않으면 항상 이렇게 조바심을 내고는 했다.

"포기해라, 우기."

마사는 이후 2년을 더 살았는데 그동안 침실 밖으로 절대 나오지 않았다. 우기는 때때로 침대 위에 고요히 앉아 있는 마사를 향해 짖고, 또 짖었다. 하지만 단 한 번도 마사의 관심을 끌지는 못했다. 심지어 고개를 돌리거나 쳐다보지도 않았다. 그러면 마치 자신의 격이 떨어지기라도 하듯 말이다. 우기가 마사를 괴롭히거나 마사가 우기를 겁낸 건 아니었다. 그저 관심이 없었을 뿐이다. 마사는 근본 없는 애송이를 상대하기에는 자신이 너무 대단하다고 느끼는 것 같았다.

우기와 나는 침실을 지나 세탁실로 들어갔다. 그러는 내내 녀석은 쉴 새 없이 코를 킁킁댔다. 새로운 세계에 익숙해지려는 시도였다. 우리는 다시 아래층으로 내려왔다. 집을 나서야 할 시간이 왔기 때문이다. 우리 문을 열어주며 우기에게 들어가라고 말했다. 녀석이 날쌔게 들어가 주길 기대하면서! 다이앤이 말하지 않았던가? 훈련을 받은 개들은 우리 안에 들어가 있는 걸 좋아한다고. 그런데 우기는 몸을 돌려 복도로 나와 그 자리에 누워 버렸다. 앞발에 턱을 댄 채 애절한 눈빛으로 나를 바라보면서 녀석은 마치 개구리처럼 뒷다리를 쭉 펴 벌리고 있었다. 마치 본드라도 칠한 것처럼 바닥에 딱 달라붙어 떨어지지 않았다.

"이리 오렴, 우기."

녀석은 미동조차 하지 않았다. 나는 우리 옆을 툭툭 쳤다. 그 소리에 녀석이 몸을 일으켜 순순히 우리 안으로 걸어 들어 올 것처럼. 그러나 역시 녀석은 움직이지 않았다.

"난 이제 일하러 나가봐야 해."

시간은 자꾸 흐르는데 우기는 우리에 들어가는 데 전혀 관심을 보이지 않았다.

"착하지, 우리에 들어가자."

다시 녀석의 이름을 불러 댔다. 조금의 위협도 섞이지 않은 목소리를 내려고 애쓰며 말이다. 우기는 바닥에 누운 채로 나를 바라보았다. 녀석은 협조할 생각이 전혀 없는 것 같았다. 그렇다면 유일한 해결책은 녀석을 들어 우리 안에 집어넣는 것뿐이었다. 녀석은 몸부림치며 저항했지만, 나는 녀석을 우리 안에 밀어 넣고 재빨리 문을 닫은 후 걸쇠로 잠갔다. 우리에 갇히자마자 녀석은 뒤돌아서 맹렬하게 짖어 대기 시작했다. 소리는 선명하고 쩌렁쩌렁하게 온 집안을 울렸다.

"불안한 모양이구나. 난 몇 시간만 있으면 다시 돌아올 거야. 걱정하지 않아도 돼. 아마도 아이들이 돌아오기 전에 내가 먼저

와 있을 거란다."

우기는 계속 짖어 댔다. 방을 떠나 복도를 지나 차를 탈 때까지 녀석은 짖고 또 짖었다. 녀석이 다시 버려졌다고 느낄지도 모른다는 사실에 나는 두려움마저 느꼈다. 하지만 방법이 없었다. 직장에 가야 했고, 그저 사람들의 조언을 믿을 수밖에 없었다.

'그래, 우기도 결국 우리에 익숙해지고 그 안에서 보호받는다고 느끼게 될 거야.'

아이들은 세 시가 조금 못 되어 집에 돌아왔고, 나는 항상 아이들보다 15분 정도 먼저 도착했다. 뒷문을 열자마자 우기가 짖어 대기 시작했다. 우리 안에서 빙빙 돌며 꼬리를 바닥에 부딪치는 소리가 들려왔다. 녀석은 내가 왔다는 사실에 안도하며 기뻐하는 듯했다. 가슴이 따뜻해지는 걸 느꼈다. 무릎을 꿇고 우리 문을 열자 녀석이 내 품에 달려들었고, 나는 녀석의 구석구석을 만져 주었다. 부엌으로 가 목걸이에 줄을 매 함께 밖으로 나갈 때까지 녀석의 열광적인 환영식은 조금도 수그러들지 않았다. 마당을 두 바퀴쯤 돌았을 때 옆집 뜰을 가로질러 뛰어 오는 아이들의 모습이 보였다. 우기를 발견하자마자 아이들이 달려와 녀석을 에워쌌다. 녀석은 책가방을 벗어놓고 무릎을 꿇고 앉은 둘 사이를 정신없이 오고 갔다. 아이들을 완전히 기억하고 있었던 것이다.

"우리 집에 온 걸 환영한다, 우기!"

노아가 먼저 말했다.

"네가 와서 정말 기뻐. 이제 넌 우리 가족이야."

이번엔 댄이 말했다.

우리 넷은 함께 집안으로 들어갔다. 아이들은 부엌에 운동복 상의와 책가방을 아무렇게나 던져 놓고 우기와 응접실로 향했다. 아이들이 소파에 앉자 녀석은 둘 사이로 뛰어올랐다. 우기는 이미 아이들의 일부가 되어 버린 것 같았다. 나는 앞에 놓인 탁자에 걸터앉아 아이들에게 다이앤이 일러준 말을 남김없이 반복했다. 우기의 우리와 푸른색 로션병, 그리고 해야 할 일과 해선 안 될 일에 대해 설명했다. 그리고 녀석을 산책시키고 먹이는 걸 도와달라고 부탁했다.

오후 시간에 아이들은 주로 간식을 먹고 잠깐씩 TV를 봤다. 그럴 때마다 우기는 자기도 간식을 달라고 낑낑댔다. 간식을 다 먹고 나면 아이들은 숙제를 시작했다. 그런데 녀석은 쌍둥이들이 동시에 숙제에 열중하는 순간을 참지 못했다. 주위를 서성이기도 하고 요란스럽게 짖어대는가 하면 소매 끝을 물고 늘어졌다. 어느 땐 장난감을 집어 물고 들이밀기도 했다. 누군가 관심을 보여줄 때까지 우기의 어리광은 계속됐다. 아이들은 둘 중 하나는 반드시 우기와 어울려 주어야 한다는 사실을 곧 깨달았다. 한 명이

다른 일을 하고 있다면 나머지 한 명은 반드시 녀석에게 관심을 기울여야 한다는 걸 말이다. 이런 상황에서 아이들을 구조할 수 있는 건 나밖에 없었다.

"자, 이제 나한테 맡겨라."

우기에게도 간식을 주고 소파에 앉아 책을 읽기 시작했다. 간식을 다 먹자 녀석은 내 옆으로 기어 올라와 잠들었다. 역시 녀석은 일단 관심을 받았다고 느끼면 금세 편안해졌다.

어느새 아이들을 목욕시킬 시간이 됐다. 오늘은 댄이 먼저였다. 욕조에 물을 채우고 온도를 확인했다. 댄은 지나치게 뜨거운 물은 질색이었다. 우기는 댄을 따라 욕실로 들어가 욕조 밖에 앉았다. 그러다 갑자기 우기가 욕실이 쩌렁쩌렁하도록 짖기 시작했다. 머리를 헹구기 위해 댄이 욕조 속으로 완전히 사라져버린 것이다. 우기는 몸을 세워 경계 태세를 취했다. 그러나 댄이 물 밖으로 머리를 들자 녀석은 안도했고 더는 짖지 않았다. 댄은 가벼운 물결을 일으키며 우기 곁으로 다가왔다. 우기를 진정시킬 방법을 본능적으로 알아차린 것이다. 상큼한 과일향을 풍기며 댄이 욕실에서 나오자 욕조의 물을 빼고 다시 물을 받았다. 이번에는 노아의 차례였다.

제니퍼와 나는 아이들이 집에 온 첫날부터 목욕 후에 꼭 책을 읽어 주었다. 아이들이 고등학교에 입학하기 전까지 지속된 그 시간은 우리를 아주 강하게 연결해 준 소중한 일상이었다. 세 살 때까지 둘에게는 각자의 침대가 있었다. 하지만 둘 중 하나가 어김없이 다른 침대로 넘어왔고, 낄낄대며 놀다가 함께 잠들고는 했다. 이사를 하면서 둘은 이층침대에서 자게 되었지만, 수년 동안 역시 함께 잠들었다. 이층침대가 좁아지자 우리는 둘에게 각기 다른 방을 주었다. 그런데도 녀석들은 피곤한 날에는 한 방에서 잠들어 버렸다.

우기가 온 첫날, 우린 노아의 방에 모였다. 오랜만에 아이들에게 책을 읽어주기 위해서였다.

아이들은 언제나처럼 내 셔츠를 잠옷으로 입고 침대에 올라 이불을 덮고 누웠다. 우기가 침대에 뛰어올라 그들 사이에 동그랗게 몸을 말고 자리를 잡았다. 20분 정도 책을 읽자 노아와 우기는 잠들었다.

"댄, 네 방으로 가고 싶니?"

"아뇨, 여기 있고 싶어요."

감기는 눈을 주체하지 못하며 댄이 웅얼거렸고 곧 잠에 빠져들었다. 원래 나는 우기를 우리 안에서 재우려 했다. 하지만 우기가 아이들 곁에서 잠들어 버리자 나는 녀석을 억지로 끌고 올 수 없었다. 오늘 아침, 내가 집을 나설 때 쉴 새 없이 짖어대던 녀석의 모습이 떠올랐기 때문이다. 무엇으로 유인해도 녀석이 저 침대를

떠나지 않을 것은 확실했다. 우기의 마음을 존중해 주고 싶었다. 우리에 있는 것보다 여기 있을 때 녀석이 훨씬 더 행복하다면 무슨 말이 더 필요할까? 그렇게 우기는 영원히 그 자리를 차지했다. 마치 처음부터 거기 그렇게 있었던 것처럼.

그날 밤 함께 잠든 셋의 모습은 절대 지워지지 않을 추억이 되었다. 창 밖에서 스며든 빛이 셋의 모습을 비추고 있었고 강한 바람이 불어와 나뭇잎이 바스락거리며 노래했다. 아이들은 서로 등을 기대고 곱슬거리는 머리는 베개에 대고 누워 있었고, 귀가 하나밖에 없는 하얗고 작은 개가 둘 사이에 자리하고 있었다. 정신없이 휘몰아친 하루에 녹초가 된 나도 무릎에 책을 올려 놓고 그대로 잠들어 버렸었나 보다.

"여보."

아내가 잠든 나를 깨우며 우기를 향해 부드럽게 속삭였다.

"안녕, 우기! 우리 집에 온 걸 환영한다."

녀석은 꼬리로 침대를 툭툭 내리쳤지만 자리에서 일어나지는 않았다. 태어나서 처음으로 가족의 따뜻한 사랑에 둘러싸인 녀석은 어떤 일이 있어도 그 사랑을 포기하지 않을 것처럼 보였다. 여러 해가 지난 후, 노아는 그날을 이렇게 회상했다.

"우기와 함께 침대에 누워 있던 게 지금도 잊혀지지 않아요. 녀석은 처음부터 우리 곁에서 떨어지지 않았어요. 마치 그럴 자격이 아주 충분하다는 듯 침대 위로 펄쩍 뛰어올라 댄과 나 사이에서 잠들었죠. 그때 느꼈어요. 이 녀석에겐 아주 특별한 무언가가 있구나!"

학대당하고 심하게 다친 이 작은 강아지는 놀랍게도 완전하게 우리를 신뢰했고, 우리 가족 모두는 그 사실에 말할 수 없는 행복을 느꼈다. 아주 큰 선물을 받은 것만 같은 기분이었다. 우기와 우리는 그렇게 하나가 되었다.

6
개구쟁이 막내야!

"띠리링"

우기가 우리 가족이 된 지 두 번째 날에도 어김없이 알람 소리에 눈을 떴다.

"톡톡톡"

우기의 발톱이 마룻바닥을 두드리는 경쾌한 소리가 코앞에서 들려 왔다. 그러고는 목걸이에 건 금속 이름표를 찰랑거리며 녀석이 내 품에 뛰어들었다.

"잘 잤니? 잠자리는 어땠어?"

힘찬 손길로 구석구석 쓰다듬어 준 뒤 녀석의 옆구리를 철썩 때려 주었다.

"오늘 아침은 뭘 먹을까? 팬케이크는 어때?"

내가 세수를 하고 이를 닦는 동안 녀석은 욕실에 서서 그 모습을 지켜보았고, 이후에도 아래층으로 부엌으로 끊임없이 나를 따라 움직였다. 그러는 내내 녀석은 마치 모터를 달아놓은 것처럼 꼬리를 쉴새 없이 계속 흔들어 댔다.

먹이를 주자 우기는 '킁킁' 냄새를 맡고 만족한 듯 '끙'하는 소리를 내더니 그릇을 향해 몸을 숙였다. 커피를 올려놓고 녀석의 목에 줄을 걸어주고 우린 함께 바깥으로 향했다. 세찬 바람이 불어왔다. 녀석의 짧은 털이 눈에 들왔다. 흠, 옷 같은 걸 사줘야 하나?

집에 들어온 나는 다른 가족들을 큰 소리로 깨우고 아이들을 위해 아침 식사를 준비했다. 우기는 이번엔 아이들을 졸졸 따라다니기 시작했다. 밥을 먹을 때도, 옷을 입을 때도, TV를 볼 때도, 학교 가기 전 부엌에서 가방을 멜 때도 우기는 줄곧 쌍둥이들을 따라다녔다. 집에 들어온 순간부터 녀석은 한순간도 우리 가족의 곁을 떠나지 않았다.

그러다가 내가 출근할 시간이 되면 어김없이 녀석을 우리 안에 넣었다. 그럴 때마다 녀석은 저항하듯 짖고 또 짖었다. 그 사실을 모르는 바 아니었으나 난 그저 우리랑 헤어지는 게 싫어 그러는 거라 생각했다. 아마도 혼자 남으면 우리 안에 있는 걸 안전하게 느끼지 않을까?

우기는 우리에 혼자 남는 문제를 빼고는 모든 일에 아주 훌륭하게 적응했다. 녀석은 마치 충전하려고 세워놓은 전화기처럼 우리 곁에 꼼짝 않고 앉아 있는 걸 좋아했다. 그러다 우리 집을 방문한 차 소리라도 들리면 쏜살같이 일어나 복도를 뛰어가 뒷문을 긁어 댔다. 문을 열어 주면 정신없이 달려나가 앞다리로 차체를 짚고 서서 안을 들여다보았다. 누군가 내리면 뒷다리로 선 채 앞발을 그 사람의 가슴이나 어깨에 올려놓고는 했다. 설혹 처음 보는 사람이라도 상관없이. 덕분에 나이가 많은 친척들은 각별히 조심해야 할 정도였다.

어느 날 오후, 제니퍼와 마당에서 놀고 있던 우기가 원을 그리며 달리기 시작했다. 그러다 갑자기 제니퍼에게 달려들었는데 아내가 그만 넘어져 오른쪽 무릎이 며칠 동안 부어 있었던 일도 있었다. 나중에야 우리는 그것이 행복을 표현하는 녀석의 방식이라는 사실을 알게 되었다.

아주 오래전 동생이 잡지에서 오린 짧은 만화를 보여 준 적 있다. 만화에서 법복을 입은 경직된 표정의 판사가 작은 강아지 한 마리를 내려다보며 이런 판결을 내린다.

"무죄! 강아지들은 으레 그런 법이니까."

다이앤은 제니퍼에게 이렇게 주의를 주었다.

"우기는 아직 너무 어리고 분명히 힘이 넘칠 거예요. 그러니 종종 말썽을 일으킬 수 있어요. 대체로 생후 일 년이나 일 년 6개월 정도 지나면 점잖아지니 너무 걱정하실 필요는 없답니다."

모르는 사람이 집에 오기라도 하면 우기는 너무 좋아 마구 흥분했다. 그러다가 손님과 일단 익숙해지면 녀석은 흥분을 가라앉혔고 관심의 중심이 되려는 욕구 또한 줄어드는 것 같았다.

우리와 함께 지낸 처음 6개월 동안 우기는 거실의 소파를 온통 물어뜯었다. 연필에 달린 지우개도 보는 대로 씹어 먹었다. 심지어 나중엔 연필을 찾아 탁자나 책상 위에도 올라갔다. 곳곳에서 지우개를 잃은 연필들이 발견되었다. 나와 장모님의 안경도 물어뜯었고, 부엌에 있는 나무로 만든 서랍도 씹어 댔다. 비디오테이프와 수많은 CD와 CD 곽, 볼펜, 크레용, 사인펜이 녀석의 이빨에 희생되었다. 밖에 나갈 때마다 박박 긁어 대는 바람에 집에 있는 문이란 문의 페인트칠은 다 벗겨졌고, 전화기의 안테나도 수차례 먹어 치웠다. 수십 상자의 크래커와 쿠키, 빵도 훔쳐 먹었다. 노아와 댄의 친구들은 걱정스러운 듯 이렇게 말했다.

"우와, 너희 집 개 정말 빨리 큰다! 힘도 장난 아니게 세고!"

몇몇 사람은 끊임없는 관심을 요구하는 우기의 미칠 듯한 에너지에 놀라워했다. 녀석의 그런 행동이 성가시지 않느냐고 물어오는 사람들도 있었다. 핏불에 대한 편견 때문에 특히 아이들 친구의 부모 중 몇몇은 우기를 잘 믿지 않았다. 덕분에 집에 놀러 오는 친구의 수가 확 줄었다.

아이들과 순식간에 친해진 것처럼, 우기는 쌍둥이의 친구들과도 금방 편안한 사이가 되었다. 집에 개를 키우고 있는 친구들은 계속해서 우리 집에 놀러 왔고, 우기는 그들에게 깊은 애정을 품었다. 아이들이 비디오 게임을 하거나 낮잠을 자는 동안 종종 친구들의 무릎 위에 누워 있기도 했다.

우기가 우리 집에 온 것은 쌍둥이들에게 남동생이 생긴 거나 마찬가지였다. 녀석은 자신이 사람이 아니라는 사실을 모르는 게 분명했다. 시간이 갈수록 쌍둥이들과 더 끈끈한 정을 쌓아 갔고, 아이들이 무슨 일을 하든 거기에 끼려고 하고 어디든 함께 가고 싶어 했다. 식사 시간마다 아이들 옆에 앉아 음식을 달라며 짖어 대기도 했다.

"내가 여기 있는 거 안 보여요? 형들이 먹는 건 나도 다 먹을래요. 난 그럴 자격이 충분해요!"

아이들이 뒤엉켜 놀거나 베개 싸움을 하면 그 사이에 끼어들어 이리 뛰고 저리 뛰었다. 둘이 싸우기라도 하면 녀석은 짖어대며 둘 사이를 펄쩍펄쩍 뛰며 오고 갔다. 아이들이 탁구를 하면 공을 따라 앞뒤로 정신없이 뛰어다녔고, 바닥에 공이 떨어지면 셋은 전력으로 뛰어가 먼저 공을 차지하려 난리법석을 떨었다. 그 모습은 언제나 아주 우스꽝스러웠다. 아이들이 밖에서 라크로스 공을 던져 주면 우기는 날아가는 공을 전력으로 쫓아가 잡아 물고는 돌아와 공을 내려놓고 아이들의 발목을 깨물었다. 그런데 녀석은 나까지 넷이 어울려 놀아도 유독 내 발목은 물지 않았다. 그 이유를 노아는 이렇게 추측했다.

"아빠가 우두머리라는 걸 녀석이 아나 봐요!"

아이들이 친구들과 야구나 축구 경기를 하러 갈 때도 우기는 자신을 데려가라며 떼를 썼다. 녀석을 남겨 두고 아이들이 집을 나서려고 하면 계속 컹컹 짖고 칭얼대며 문을 할퀴고, 이리저리 서성이며 어쩔 줄 몰라 비명을 내질렀다. 나는 결국 한 가지 방법을 고안해 냈는데, 아이들이 밖에 나가야 할 때마다 미리 우기를 데리고 나와 차를 타거나 산책을 해야 했다. 혹시라도 그전에 아이들을 보면 우기는 차에 타지 않으려고 버텼기 때문에 우리는 치밀한 작전을 짜야 했다. 집에 돌아왔을 때 아이들이 없으면 녀석은 마당 끝까지 샅샅이 훑으며 냄새를 추적하려 했다. 그렇게 오랜 시간이 흘러야 녀석은 마음을 접고 노아와 댄이 사라진 길을 바라보며 마당에 앉아 있었다. 내가 들어 오라고 할 때까지 말이다!

우기는 자신이 아이들과 분리된 존재라고는 추호도 생각하지 않는 것 같았다. 자신의 온 삶을 쌍둥이들과 나누었기 때문에 쌍둥이들 역시 그러리라는 사실을 결코 의심하지 않았다. 집에서 우기는 '세쌍둥이 중 막내'로 인식되었다. 다른 모든 막내처럼 늘 형들과 함께하고 싶어 했고, 형들이 하는 일이라면 뭐든 따라 하고 싶어 했다. 노아와 댄도 우기가 귀찮은 순간이 분명히 있었으리라. 그럴 때마다 난 아이들에게 설명했다.

"집에 있을 때, 물론 친구가 놀러 왔을 때도 마찬가지란다. 너희 중 한 명은 반드시 우기에게 신경을 써줘야 해. 너희 둘 다 녀석을 본체만체하면 분명히 말썽을 피울 거거든. 우기는 어린 아기 같은 존재란다."

그러면 항상 댄이 이렇게 덧붙였다.

"맞아요, 절대 자라지 않는."

우기가 우리 집에 온 지 얼마 안 된 어느 날 아침, 아직 전기 울타리를 설치하기 전의 일이다. 아이들이 학교에 가기 위해 큰길로 향했고 나는 산책을 하기 위해 우기를 데리고 문을 나섰다. 그런데 녀석이 순식간에 목걸이에서 머리를 빼내고는 아이들이 사라진 곳을 향해 내달렸다. 그러고는 정말 순식간에 나의 시야에서 사라졌다.

내가 녀석을 발견한 건 아이들의 중학교 운동장이었다. 그때 우기는 열댓 명의 아이들에게 둘러싸여 사람들의 시선을 한몸에 받고 있었는데 아이들 몇몇은 녀석을 조심스레 매만지기도 했다.

나는 조금 당황했지만 그곳에 있던 사람들은 녀석이 주인을 따라 학교에 온 걸 아주 귀엽게 생각하는 것 같았다.

이제야 인정하지만 나는 그 광경을 보며 무척 놀랐다. 사라진 우기를 찾으면서 최악의 상황을 예상하고 있었던 것이다. 사실 내 머릿속에도 핏불 종에 대한 선입견이 자리 잡고 있었고, 혹시 녀석이 난폭한 행동을 하지는 않을까 걱정했었다. 하지만 내가 본 것은 우기를 향한 아이들의 경탄과 그들과 함께 있고 싶어 하는 녀석의 열망이었다.

처음부터 나는 우기를 엄격하게 훈련하는 걸 주저했다. 아이들을 키울 때도 마찬가지였다. 잘못된 훈육은 아이들에게 분노와 박탈감, 두려움을 불러일으키기 때문이다. 이런저런 훈육의 기술들이 그리 생산적이지 못하다고 생각했을 뿐 아니라 아이들과 멀어지지 않을까 걱정했다. 우기를 대할 때는 아이들을 대할 때보다도 훨씬 더 조심스러웠다. 녀석은 이미 충분한 두려움을 맛보았을 것이기에 나까지 좋지 않은 경험을 안겨 주긴 싫었다.

내가 우기를 대하는 그런 방식이 부정적인 결과를 가져왔다고는 생각하지 않는다. 그러나 우리 집에 놀러 온 사람들은 조금 다르게 생각하는 것 같았다. 녀석은 자고 싶은 곳 어디서나 잠들었고, 손님과 함께 저녁을 먹고 있을 때 식탁 위로 기어 올라온 적도 여러 번 있었다. 그중 한 번은 대학 친구들이 놀러 왔을 때였는데,

그들은 질겁했지만 서로 눈짓만 할 뿐 그 일에 대해 이야기를 하지는 않았다. 어쨌든 그 후 친구들에게선 연락이 끊겼다.

성견이 된 이후에도 우기는 거의 일 년 6개월 간 물건들을 씹어 먹거나 물어뜯어 놓았다. 아이들이 7학년이었을 때 일이다. 어느 날 아침, 녀석은 노아가 수학 숙제를 해 놓은 공책에 커다란 구멍을 뚫어 놓았고, 아내는 수학 선생님에게 이렇게 시작하는 편지를 썼다.

"아마도 믿지 않으시겠지만······."

녀석은 슬리퍼와 샌들, 스카프, 운동화, 구두, 모형 과일, 노아의 라크로스 채 머리 부분을 물어뜯어 놓았다. 딱딱한 쓰레받이와 파리채, 붓들도 잘근잘근 씹었다. 책과 칫솔, 신문지, 잡지까지 닥치는 대로 먹어 치웠다. 식당에 깔아 놓은 양탄자는 끈적거리는 풀 때문에 엉망이 되었다. 우기가 그 위에서 풀 뚜껑들을 모조리 씹어 버렸기 때문이다. 나는 그러는 동안 녀석이 크게 다치지는 않을까 걱정되었다. 우기는 상자를 열고 우편물을 찢고 브라우니 한 판을 다 먹어 치우고 쓰레기통도 끊임없이 습격했지만 녀석이 골칫덩어리라고 생각해 본 적은 한 번도 없었다.

어느 명절엔 친구가 우기에게 줄 과자를 직접 만들어 보낸 적이 있었다. 집에 아무도 없자 집배원이 선물 상자를 문 앞에 두고 지나가는 사람들이 보지 못하게 현관에 깔아놓은 매트로 덮어두었나 보다. 우기는 상자를 덮은 매트를 벗겨 내지는 못했지만 상자 한쪽이 노출된 걸 발견하고는 그 부분을 물어뜯어 결국 과자를 몽땅 먹어 치웠다. 과자와 함께 넣어 보낸 카드 한 귀퉁이도 녀석의 입속으로 들어갔다. 나는 그 모습을 사진으로 찍어 메시지와 함께 친구에게 보내 주었다.

"우기는 너의 사려 깊은 선물에 감사하며 정말 맛있게 먹었단다."

어느 토요일에 운동을 마치고 집에 돌아온 제니퍼는 온통 음식들이 흩어져 있는 부엌 바닥과 활짝 열려 있는 냉장고를 발견했다. 내가 냉장고 청소를 하는 중이었다고 생각한 아내는 음식들을 다시 제자리에 집어넣었다고 한다. 샤워를 마치고 아래층으로 내려온 내게 아내는 어떻게 된 일인지 물었다. 나는 알지 못하는 이야기였다. 그런데 며칠 후에도 똑같은 일이 벌어졌고 그때야 나는 짐작할 수 있었다. 우기의 사료 봉지와 치즈, 햄이 사라진 것이다. 과일과 채소, 음료수와 샐러드드레싱은 모두 무사한 채! 이런 우기가 냉장고 여는 법을 안 것이다!

식탁 아래에는 사라진 사료 봉지에서 나온 알갱이 몇 개가 뒹굴고 있었다. 그곳은 우기의 보물창고였다. 녀석은 불법으로 손에 넣은 물건들을 거기에 모아 두었다. 식탁 밑을 자신만의 작은 동굴이라고 여기는 듯했고 누구도 그곳을 발견하지 못할 거라고 생각하는 것 같았다.

나는 튼튼한 고무 끈을 냉장고 손잡이와 냉동고 손잡이에 걸쳐 감아 놓았다. 하지만 식구 중 누군가가 냉장고를 연 후 끈을 감아 놓는 것을 잊으면 녀석은 어김없이 냉장고 습격을 시도했다. 내가 집을 비우는 동안 우기가 말썽을 피웠는지는 문에 들어서는 순간 알 수 있다. 즐겁게 환영 인사를 하는 대신 슬금슬금 숨으면서 몸을 바닥에 붙이고 머리를 늘어뜨린 채 눈치를 본다면 녀석은 뭔가 찔리는 구석이 있는 것이었다. 그럴 때면 난 부엌으로 가 냉장고부터 살펴보았다. 그러고는 식당의 음식 잔해들을 깨끗이 치웠다.

아직 냉동고는 무사했지만 우기는 이제 물건을 넣어 두는 커다란 장까지 열기 시작했고, 안에 든 상자와 음식 봉지들을 닥치는 대로 물어뜯었다. 장에는 문이 두 개였기 때문에 우리는 양쪽 문고리에 걸쳐 고무 끈을 감아 두었고, 쓰레기통과 구석에 있는 찬장에도 역시 끈을 감았다. 음식이 없어지는 건 문제가 아니었다. 하지만 플라스틱 같은 걸 먹어 녀석의 장이라도 막힐까 봐 걱정이었다. 나는 부엌 곳곳과 뒷문에 '냉장고 사용 후 반드시 고무줄을 감아 두시오.' 라는 메모를 붙여 놓았다.

이런 노력에도 녀석은 틈만 나면 이곳들을 공격했다. 신기하게도 식구들이 집에 있을 땐 범행을 시도하지 않았다. 악동 짓은 혼자 있을 때 하는 게 제맛이라고 여기는 것 같았다.

　자라면서 우기는 점점 더 활기찬 장난꾸러기가 되었다. 침대 이불을 정리하고 있으면 그 위로 뛰어 올라와 드러누워 버렸고, 등을 둥글게 말고 네 다리를 쭉 뻗어 허공에서 허우적거리거나 뱀처럼 몸부림쳤다. 침대보나 이불 밑에 숨었다가 머리가 밖으로 나올 때까지 뒹구는 것도 좋아했다. 가족 모두가 바쁠 때, 말하자면 나는 부엌일을 하고 아이들은 숙제에 빠져 있으면 우기는 장난감 인형 하나를 물고 내게 와 막무가내로 들이받기도 했다. 그러면 무얼 하고 있었든 상관없이 하던 일을 멈추고 녀석을 따라 식당으로 터벅터벅 걸어가 신이 나게 잡기 놀이를 해야 했다. 식탁과 의자 주위에서 녀석을 쫓다가 갑자기 방향을 홱 틀어 코앞으로 얼굴을 들이대면 우기는 흥에 겨워 '으르릉' 거렸다. 이 놀이가 싫증 날 때면 녀석이 물고 있는 장난감을 빼앗는 줄다리기 놀이가 시작된다. 한참 동안 녀석이 이기도록 내버려 두었다가 내가 물건을 완전히 손아귀에 넣을 때쯤이면 우기는 마침내 장난감을 포기하고 자신에게 쏟아진 관심을 느긋하게 즐겼다. 사실 그것이야말로 녀석이 애초에 바라던 것이었으니까.

　매일 밤 잠들기 전 우기는 TV를 보거나 노트북을 앞에 두고 숙제를 하는 아이들을 찾아냈고, 창틀이든 TV장이든 책장이든 탁자든 상관없이, 금지된 물건을 어떻게든 찾아내 입에 물었다. 지

갑이나 슬리퍼, DVD 곽, 야구모자 같은 것들 말이다. 물건을 빼앗으면 녀석은 다른 걸 찾아냈고, 이 마지막 장난을 끝으로 녀석의 일과는 마무리되었다. 물건 하나를 손에 넣으면 녀석은 아이 중 한 명 옆에 자리를 잡고 앉아 몸을 동그랗게 말고 아침까지 단잠을 잤다. 지금도 누군가 잃어버린 물건을 찾을 때면 아내는 이렇게 말하곤 한다.

"우기가 갖고 놀지 않았니?"

아내의 휴대전화기 케이스에는 우기의 이빨 자국이 나 있다. 내가 가장 아끼는 야구모자와 새로 산 구두에도 마찬가지다. 거실에는 댄과 우기가 함께 찍은 사진이 든 알루미늄 사진 틀이 있는데, 거기에도 역시 우기는 이빨 자국을 남겼다. 그걸 보며 재미있는 생각 하나가 떠올랐다. 강아지 사진을 넣을 틀에 그 강아지의 이빨 자국을 내는 것이다! 좋은 아이디어 아닌가? 만약 그런 상품이 시장에 나온다면 저작권은 우기에게 있을 것이다.

다이앤이 장담했던 것처럼 우기의 약탈 행위는 어느 순간부터 조금씩 줄어들었다. 물론 식탁 밑엔 언제나 훔친 치즈 부스러기와 고기 국물 자국이 밴 일회용 음식 용기가 나뒹굴긴 했지만, 어쨌든 녀석의 악동 짓은 점차 사라졌다. 이제 가족들은 더는 무슨 일이 일어났을지 걱정하는 마음으로 집에 돌아오지 않아도 되었다. 하지만 우린 여전히 냉장고 손잡이에 고무 끈을 감아 두고 있다.

7
오늘이 마지막인 것처럼 사랑해

 마당에서 뛰어놀 수 있을 만큼 우기의 건강이 회복되었을 때 나는 다른 걱정이 하나 생겼다. 혈기 왕성하고 관심 받기를 좋아하는 녀석이 혹시 거리로 뛰어나가 다른 사람을 쫓아가지는 않을까 싶었던 것이다. 고민 끝에 우린 마당에 먼지가 뒤덮인 채 녹이 슬어 버린 것 말고 새로운 전기 울타리를 설치하기로 했다.
 처음 상담을 받았던 회사는 우기가 핏불종이라는 이야기를 하자마자 난감해하며 울타리를 설치해 줄 수 없다고 말했다. 우락부락하게 생기고 힘이 센 녀석들이 울타리를 벗어나 누군가를 공격하면 울타리를 설치해 준 자신들이 고소를 당하게 될 것이란 게 이유였다. 이해가 안 되는 건 아니었다. 이러다 영영 전기 울타리를 설치할 수 없으면 어쩌나 싶기도 했다. 그러나 다행히도 두 번째 회사에서는 개의 종류를 문제 삼지 않는다는 답이 돌아왔다.

전기 울타리는 마당 둘레에 선을 삽입해 설치하고, 일련의 조그마한 플라스틱 깃발로 그 동선을 표시한다. 우기의 목에는 특수한 장치를 한 목걸이를 매다는데 울타리에 지나치게 가까이 다가가면 가까이 오지 말라는 경고음이 났다. 그래도 계속 접근하면 녀석에게는 전기 충격이 가해지는 것이다. 그 충격이 어느 정도인지 직접 느껴보기 위해 녀석의 목걸이를 손에 쥐고 울타리 쪽으로 걸어가 본 적이 있는데 그때 나는 전기가 통하는 콘센트에 손가락이 꽉 낀 것 같은 고통을 느껴야 했다.

우기가 이런 고통을 느끼지 않도록 하기 위해서는 녀석을 훈련해야 했다. 직원이 일러준 대로 소리가 날 때까지 우기를 울타리 쪽으로 이끌었다. 처음 연습을 시켰을 땐 미처 경고음의 중요성을 알지 못했는지 안타깝게도 녀석에게는 전기 충격이 가해졌다. 그러나 훈련을 통해 녀석이 경고음과 전기 자극의 관련성을 알게 될 거라고 굳게 믿었다. 녀석을 다시 울타리 쪽으로 이끌었다가 경고음이 울리면 뒤로 잡아당기는 훈련을 여러 번 반복했다. 경고음과 자기 영역의 관계를 인식하길 바라면서.

그러나 생각지도 못했던 뜻밖의 문제가 숨어 있었다. 우기는 귀가 한쪽 밖에 없었고, 그래서 소리가 나는 방향을 제대로 인식하지 못했다. 녀석은 소리가 도대체 어디서 나는 건지 감을 잡지 못하고, 자연히 소리와 울타리의 관계 역시 파악하지 못하는 것 같았다. 소리가 나면 물러서는 대신 울타리 쪽으로 다가가고는 했다. 계속해서 전기 충격을 받게 할 수는 없었기 때문에 우린 울타리를 설치해 준 회사에 전화해 이 문제에 관해 상담했고, 고맙게도 직원을 파견해 대책을 마련해 주었다.

"시각 훈련을 시켜야 할 것 같네요. 녀석을 울타리 선 가까이 끌고 가세요. 경고음이 울리면 플라스틱 깃발 하나를 흔드시고 녀석을 뒤로 확 끌어오세요."

기술자의 설명대로 하자 그제야 우기는 소리와 자신이 움직일 수 있는 경계의 관련성을 알아차리기 시작했다. 경험자들은 내게 이렇게 충고했다.

"어떤 개든 한 번은 울타리를 통과하게 될 거예요. 하지만 언젠가 그런 일을 겪고 나면 다신 그런 행동을 하지 않을 겁니다."

울타리를 설치한 지 얼마 되지 않은 어느 날이었다. 우기는 이미 성공적으로 훈련을 마친 상태였다. 노아와 댄이 길에서 라크로스 공을 주고받으며 놀고 있었다. 그걸 보고 가만있을 우기가 아니었다. 녀석은 신이 나서 어쩔 몰라 하며 마당 잔디밭을 종횡무진으로 움직이며 짖어 댔다.

"아빠!"

갑자기 댄이 놀란 목소리로 나를 부르며 뒷문으로 뛰어들어 왔다. 그때야 우기가 짖고 있지 않다는 걸 깨달았다. 아이들 곁으로 달려가기 위해 우기가 울타리를 통과한 것이다.

녀석은 길에 주저앉아 있었다. 온몸을 떨며 완전히 얼어붙은 채 마치 트럭에라도 치인 것처럼 힘이 하나도 없어 보였다. 나는 녀석이 앉아 있는 곳까지 차를 몰고 가야 했다. 걸어서는 그 길을 되돌아오지 않으려 할 것이기 때문이었다. 지금까지 나는 녀석과 산책하러 나갈 때마다 차에 태운 채 전기 울타리를 통과하곤 한다. 그리고 목걸이를 손에 쥐고 울타리 근처로 접근해 경고음이 들릴 때마다 우기는 뒤로 물러섰다.

집 밖에 나가면 우리를 경계의 시선으로 바라보는 사람들을 늘 만난다. 그들은 우기의 얼굴에 난 상처를 보며 싸움 전력이 있는 핏불로 단정했다. 사람들은 우기의 온화하고 활동적인 성품을 보는 것이 아니라 단지 핏불 종에 대한 부정적인 편견으로 녀석을 바라봤다. 보도에서 마주치면 십중팔구 우리를 피해 길가로 내려섰다. 우기가 대단히 온순한 개라는 사실을 여러 번 말해 주었지만 사람들은 여전히 우기를 두려워했다.

우기와 함께 맞은 첫 번째 봄에 우리는 파티를 벌이고 있는 이

웃집 앞을 지나고 있었다. 한 아이가 아버지와 함께 집 앞 보도에 서 있었는데 인사를 하기 위해 우기가 다가가자 아이 아버지가 물었다.

"혹시 핏불인가요?"

"예."

그러자 남자는 아주 천천히 아들을 안아 들더니 뒷걸음질쳐 집으로 향했다. 끝까지 우기에게서 시선을 떼지 않던 남자는 '쾅!' 문을 닫아 버렸다.

한 번은 산책길에 막 차에서 내리던 이웃집 할머니를 만났다.

"대체 댁네 개한테 무슨 일이 생긴 거유?"

나는 우기가 투견 판에서 미끼견으로 사용되었다고 설명했다. 그녀는 경멸하는 말투로 내뱉었다.

"핏불이라면 꼴도 보기 싫어."

동네 쇼핑센터에서 만난 어떤 여자의 혐오와 두려움에 찬 표정은 지금도 잊을 수 없다. 우릴 보자마자 여자는 눈을 커다랗게 뜨고 아이를 안아 들고 한 상점 안으로 들어가 버렸다. 그러고는 우리가 지나갈 때까지 아이를 꼭 끌어안은 채 상점의 유리문을 통해 뚫어지게 쳐다봤다. 나는 만면에 친근한 웃음을 가득 머금고 그 시선을 받아 주었다. 이런 일을 겪을 때마다 늘 그랬듯이.

우기가 온 지 얼마 안 되었을 때의 일이다. 산책 중에 우리는 털을 아주 말끔하게 손질한 멋쟁이 푸들 두 마리와 마주쳤다. 험악한 외양의 우기와는 완전히 정반대의 작고 귀여운 모습이었다. 푸들들은 우기를 보자 가늘고 높은 톤으로 요란하게 짖어 댔다. 호기심이 많은 녀석은 자신을 향해 짖는 개들을 신기한 생명체를 만난 것 같은 표정으로 쳐다봤다. 우기가 다른 개를 향해 짖는 경우는 단 하나, 그들과 함께 놀 수 없을 때뿐이었다. 예컨대 차에 타 있는 상태에서 길을 걷고 있는 다른 개를 보았을 때, 혹은 다른 개들이 무시하며 놀아주지 않았을 때 같은 경우 말이다.

나는 어떤 예감에 의해 순간적으로 우기의 목줄을 잡아당겼지만 녀석은 어느새 머리를 빼내 푸들을 향해 달려갔다. 푸들 주인은 완전히 패닉 상태에 빠진 듯 보였다. 그 순간 푸들이 빠진 위험이라곤 우기가 반가움에 푸들의 등에 발을 올려놓은 것뿐이었지만, 주인은 마치 애완견이 나무 자르는 기계 속에라도 던져진 것 같은 반응을 보였다. '꺅' 내지르는 푸들의 비명과 뒤섞여 주인의 공포감은 점점 커졌다. 내가 우기를 붙잡아 목걸이를 다시 채워 끌고 왔을 때 그녀의 낯빛은 지옥에라도 다녀온 듯 보였다.

다음 날, 길에서 한 이웃을 우연히 만났다.

"레빈 씨네 개가 푸들을 추격했다면서요?"

그녀는 푸들 주인의 말을 철석같이 믿고 있는 듯했다.

초기에 우기와 함께 산책하는 것은 마치 시장 후보와 함께 거리를 걷는 것과 같았다. 우기는 길에서 보는 모든 사람과 만나고 싶어 했고, 항상 사람이 있는 쪽으로 가자며 나를 끌어당겼다. 내가 협조하지 않으면 길에 누워 꼼짝도 하지 않았다. 그 사람이 시야에서 사라져 버리거나, 혹은 거의 늘 그렇듯이 내가 녀석이 이끄는 대로 따라가기 전까지 말이다.

시간이 지나면서 처음에 우기를 무서워하던 이웃들도 차츰 변화하기 시작했다. 실제로 녀석의 온순하고 애정에 넘치는 성격을 경험하면서 마음의 문을 열게 된 것이다. 우기를 향한 사람들의 두려움이 비논리적이거나 비합리적인 것은 아니다. 녀석의 얼굴은 실제로 무섭게 생겼고, 누구도 녀석이 겁을 주기 위해 짖는 것이 아니라는 사실을 알지 못하니까. 물론 우기로서는 억울할 일이다. 녀석이 짖는 이유는 단지 사람들 곁에 갈 수 없다는 좌절감 때문인데, 유감스럽게도 그걸 알아주는 사람은 별로 없었다.

우기가 우리 가족이 된 지 몇 개월 후 한 여자가 산책 중인 나와 우기 곁으로 다가왔다. 그녀는 운동복 차림으로 빠른 속도로 걸으며 헤드셋을 끼고 누군가와 통화를 하고 있었.

"엄마, 전에 얘기한 개를 또 만났어요. 왜 있잖아요, 내가 무섭다고 한……"

난 걸음을 멈췄다. 우기도 걸음을 멈추고 그녀를 올려 보았다.

녀석의 꼬리는 앞뒤로 천천히 흔들리고 있었다. 조심스럽게 그녀가 우리에게 다가왔다.

"괜찮아요. 녀석은 아주 안전해요. 그렇지 않다면 데리고 나오지도 않았을 거예요."

짧은 망설임 끝에 그녀는 우기 곁으로 향했다. 한 손을 내밀자 녀석은 킁킁대며 냄새를 맡았고, 이내 자신의 주특기인 키스를 퍼붓기 시작했다.

"사실 이 녀석이 너무 무서웠어요. 그래서 조깅을 하다가도 아저씨 집 앞까지 오게 되면 조깅을 멈추고 돌아오고는 했죠."

"걱정할 필요 없어요. 이놈이 짖는 이유는 딱 하나예요. 아가씨와 만나고 싶은 거죠!"

"맞아요. 아주 온순한 녀석 같아요."

그녀는 고개를 끄덕이며 인정했다.

"아주 착한 녀석이랍니다."

그녀는 녀석의 주둥이를 감싸 쥐고 무릎을 꿇고 앉아 머리와 어깨를 쓰다듬었다. 그녀는 곧 털의 감촉에 매혹되었다. 우기가 고개를 들고 그녀의 얼굴을 핥았다.

"녀석에게 어떤 일이 있었던 거죠?"

나는 녀석이 겪어야만 했던 아픔들에 대해 설명해 주었다. 헤어질 때 그녀는 우기의 머리에 키스하고 어깨 근육을 어루만져 주었다. 녀석은 고맙다는 듯 몸을 기댔다. 그런 일은 그 후에도 이어졌다. 일단 우기와 만나면 사람들은 망설임과 두려움을 떨쳐 버렸다.

우기의 험악한 얼굴과 공격적으로 보이리만큼 적극적인 태도가 도움될 때도 있었다. 이웃에서 낯선 사람이 서성일 때마다 난 우기를 데리고 밖에 나오면 어쩐지 안심이 되었다. 아이들이 어렸을 때는 이렇게 이야기하고는 했다.

"우기의 얼굴이랑 짖는 모습을 보면 어떤 도둑도 다른 집을 알아보게 될 거다."

아이들도 정말 그렇게 생각한 것일까? 우기가 온 후 아이들은 집에 혼자 오래 남겨지는 걸 무서워하지 않게 되었다.

그러나 나는 때때로 가족들이 위협당하거나 두려움을 느끼는 걸 감지하면 우기가 돌변해 전혀 다른 모습을 보이지 않을까 하는 걱정도 했다. 아마도 녀석은 우리 가족을 지키기 위해서라면 어떤 대가라도 치를 거란 걸 나는 알고 있었다. 가족이 위협을 당하거나 다치는 걸 보느니 아마도 녀석은 차라리 죽음을 택하겠지? 그렇다! 우기는 어떤 위험에서도 우리 가족을 지켜 줄 것이다. 물론 감사하게도 그런 걱정을 해야 할 상황은 지금까지 한 번도 일어나지 않았다.

어느 여름의 오후 집에 돌아왔을 때 우린 거실의 창과 문이 활짝 열려 있는 걸 발견했다. 아이들에게 확인했지만 모르는 일이라고 했다. 사건의 단서를 찾던 우리는 다음과 같은 결론을 내렸다.

'누군가 억지로 문을 열고 집안으로 들어오려다 우기를 보고 줄행랑을 쳤다!'

얼굴이 반이나 날아가 버린 40킬로그램짜리 개가 세차게 짖으며 달려와 방안이 쩌렁쩌렁 울리도록 '으르렁' 거리는 소리를 듣는 건 정신이 번쩍 들 만큼 오싹한 장면이 아니겠는가?

우기를 데려온 지 6개월이 지나자 아드모어 동물병원으로부터 정기검진을 받으러 오라는 통지가 왔다. 녀석을 데리고 병원 사무실로 들어가자 직원인 카렌이 숨을 한 번 들이쉬더니 불쑥 이렇게 내뱉었다.

"이 녀석 도고였네요!"

"도고가 뭐죠?"

내가 물었다. 카렌이 웃기 시작했다.

"확실한 건 아니에요."

아직 성장 중인 한 살이 채 안 된 우기는 이미 32킬로그램에 육박하고 있었다. 서 있을 때 어깨 높이는 61센티미터에 달했고, 몸길이는 122센티미터에 이르렀다. 사람들을 반길 때 상대방의 어깨에 앞발을 걸치고 몸을 쭉 뻗으면 길이는 152센티미터를 넘어섰다. 녀석은 이미 성견이 되었을 때 가질 몸무게보다 더 많이 나갔다. 어쩌면 우리가 처음 우기를 만났을 때 들은 나이가 틀렸을 수도 있었다. 아마 녀석은 더 어렸을 것이다. 당시 우기의 개월 수는 완전히 자랐을 때의 몸무게인 23킬로그램과 당시 몸무게인 14킬로그램을 비교해 추정한 것이었다. 그런데 우기가 아직 자라고 있다는 사실과 이미 성견이 되었을 때의 예상 몸무게를 9킬로그램이나 넘어서고 있다는 사실은, 우리가 처음 만났을 때 녀석이 더 어린 강아지였다는 사실을 뜻한다. 나는 새삼 다시 가슴이 끓어 오르는 느낌이 들었다. 세상에나! 기껏해야 생후 두 달도 채 안 된 강아지를 미끼견으로 사용하다니!

검진을 마친 비앙코 박사가 밝은 표정으로 말했다.

"더할 나위 없이 건강합니다."

우기는 발톱도 깎았다. 직원 한 명이 녀석의 등을 쓰다듬고 있으면 또 다른 직원이 녀석의 발톱을 깎는 식이었다. 처음 몇 번은 입마개를 씌우기도 했지만 곧 우기가 아주 온순하다는 사실을 깨달았고 더는 그럴 필요를 느끼지 못했다.

왼쪽 귀가 있던 부위를 끊임없이 긁어대는 녀석 때문에 상처의 가려움증을 완화시켜 주는 약도 받았다. 그곳은 감염의 위험이 크기 때문에 늘 조심해야 했다. 박사는 비타민 보충제를 권해 주었고, 쉽게 충혈되는 녀석의 왼쪽 눈을 위해 처방전 없이 살 수 있는 눈 윤활유도 소개해 주었다. 그날 이후 우기와 나는 그 약을 계속 사용하고 있다. 나 역시 안구 건조증에 시달리고 있었기 때문이다.

"녀석의 목에 마이크로 칩을 장착해야 하니 데스크에서 다음 약속 일자를 잡으세요."

"마이크로 칩이요?"

"그걸 붙이면 녀석이 길을 잃어도 누군가에게 발견되기만 하면 다시 우리에게 돌아올 수 있답니다."

모든 검사를 마치고 수납처로 가서 신용카드를 꺼냈다. 하지만 카렌은 넣어 두라며 고개를 가로저었다.

"우기에겐 돈을 받지 않아요."

"네?"

"앞으로도 영원히 우기가 어떤 치료를 받든 돈을 받지 않을 겁니다."

순간 난 얼어붙었다. 나는 특별한 치료를 요구하지도 기대하지도 않았다. 그들은 우기의 목숨을 구해 주었고 그 작은 생명을 우리에게 맡겨 주었다는 사실만으로도 감사한 일이 아닌가. 그런데도 정말로 아드모어 동물병원은 우기에 대해 결코 단 한 푼의 진료비도 청구하지 않았다. 우기의 건강을 유지하기 위해서는 여러 번의 수술과 수많은 약, 정기적인 검진이 필요했지만 그 모든 것이 수년에 걸쳐 무료로 제공되었다. 몇 년 후 다이앤은 이런 고백을 했다.

"나와 병원 가족들은 녀석을 무척이나 사랑했고 우기가 그 모든 시련을 그토록 성공적으로 이겨낸 게 너무 기특했어요. 그리고 레빈 씨 가족들 역시 처음부터 우리 모두를 너무 흐뭇하게 만들어 주셨고요. 그토록 무시무시하게 생긴 개를 아무런 조건 없이 가족으로 받아들여 주고, 녀석의 뛰어난 성품을 바로 알아차려 주셨잖아요?"

잠시 숨을 고른 후 그녀는 말을 이었다.

"입양 후 첫 검진을 위해 우기를 데려왔을 때 바로 알 수 있었어요. 녀석이 가족들의 사랑과 노력으로 얼마나 건강하고 활기차게 변화했는지 말예요. '녀석을 살린 건 정말 잘한 일이구나!' 큰 보람을 느꼈답니다. 녀석은 그럴 만한 가치가 있는 존재예요."

집에 돌아오자마자 나는 인터넷으로 '도고'를 검색했다. 이 종은 실상 도고 아르젠티노라고 불렸다. 첫 번째로 클릭한 사진 속의 도고는 우기와 아주 똑같이 생겼다. 나는 경이로움을 느끼며 사진 속의 개와 내 옆에서 잠든 우기의 얼굴을 번갈아 쳐다보았다. 여러 장의 사진을 계속 찾아보았다. 다른 사진 속의 도고들은 우기보다 이마가 더 넓고 둥글기도 했지만 대체로 우기의 얼굴은 전형적인 도고의 얼굴이었다.

1920년대에 사람들은 충성심 강한 집단 사냥개와 안내견이 되도록 도고를 개량했고, 녀석들은 가축을 해치는 퓨마와 곡식을 망쳐놓는 야생 돼지를 사냥하도록 길러졌다. 도고는 지금은 멸종한 '코르도바의 도고'라는 투견 종에서 나왔는데, 그 생김새와 천성적인 기질이 다른 어떤 종보다 힘이 넘치고 용맹했다. 그 모습을 살피다 보면 녀석들은 그레이트데인의 크기와 복서의 활기와 온순함, 스패니쉬 마스티프의 힘, 볼독의 넓은 가슴팍과 대담함, 불테리어의 겁 없음, 그레이트 피레네의 서늘한 흰 털, 포인트의 후각, 아이리쉬 울프 하운드의 인내심과 사냥 본능, 그리고 도그 드보르도의 강한 턱을 가지고 있는 것 같다.

다 자란 도고의 몸무게는 대개 45에서 50킬로그램 정도 되지만, 생후 첫 몇 개월 동안 심한 학대를 당했던 우기는 다른 녀석들보다 비교적 작아 몸무게가 약 39킬로그램 정도 나갔다. 지금도 그토록 힘이 세서 통제하기가 어려운데 만약 녀석이 더 무거웠다면 함께 산책하러 나갈 수나 있었을까?

도고의 기질은 맹렬한 기세와 가족에 대한 부드러운 헌신의 환상적인 조화로 설명할 수 있다. 그들은 지칠 줄 모르고 겁이 없는 사냥개다. 골격은 거대하고 그 안에서 뿜어져 나오는 엄청난 힘을 자랑한다. 먼 거리를 전속력으로 달려 먹이를 추적하며 사냥감을 궁지에 몰아넣고 결국 손에 넣었다. 사냥감이 반항을 하거나 도망치려 하면 죽이기도 한다. 이 종은 사냥개로서 활약할 뿐만 아니라 종종 경찰견이나 군견으로도 훈련된다. 마약 탐지와 용의자 추적, 수색과 구조에 두루 능하다. 맹도견으로서도 뛰어난 활약을 보인다.

도고는 천성적으로 다른 개들에게 공격적인 태도를 보이지 않는다. 우기 또한 그런데, 그 탓에 다른 개들이 우기를 얕보고 공격한 적이 몇 번 있었다. 그럴 때면 우기는 참지 않고 맞선다. 하지만 공격하던 놈들이 물러서면 우기는 싸움에 곧 흥미를 잃는다. 비록 싸움을 좋아하지는 않지만 일단 전투가 벌어지면 맹렬한 기세로 덤벼들기 때문에 남아메리카에서는 투견으로 쓰인다. 어떤 주인들은 도고의 귀를 어릴 때 잘라주는데, 뾰족한 귀가 더욱 호전적으로 보이기 때문이다. 게다가 길게 늘어진 긴 귀는 싸움이나 사냥을 할 때 상대방의 타깃이 된다. 그러니 개들이 우기의 귀를 찢어놓은 것은 우연이 아니었다.

동시에 도고는 가족에게는 극도의 충성과 애정을 바치는 것으로도 유명하다. 주인의 관심을 갈구하는 것 또한 도고의 특징 중 하나다. 그들은 놀라울 정도로 아이들과 잘 지내며, 외부의 침입에 맞서 가족을 지킨다. 반대로 가족의 환영을 받는 손님들은 무조건 받아들인다.

미국에서 거의 찾아볼 수 없는 종이라 미국인들은 도고에 대해 잘 모른다. 수백만 원을 호가하는 비싼 가격도 도고를 쉽게 볼 수

없는 이유 중 하나다.

한 번은 비앙코 박사에게 이런 질문을 했다.

"왜 우기를 핏불이라고 생각하신 건가요?"

"여기선 도고를 직접 본 사람이 아무도 없습니다. 수의사 생활을 통틀어 도고를 치료한 적은 딱 한 번뿐이었죠. 그래서 아예 그 종은 고려조차 하지 않았어요. 녀석이 도고일지도 모른다는 생각조차 전혀 하지 않았죠. 내게 녀석은 그저 또 한 마리의 핏불로 보였습니다."

달릴 때 우기는 마치 그레이 하운드처럼 허공에 네 다리를 동시에 뻗으며 자기 몸을 전방으로 쑥 밀어내는데 녀석의 최고속력은 30m/h에 달한다. 한 번은 녀석이 얼마나 빠른지 보려고 속도계로 재 본적도 있다. 우기는 들판을 달리고 난 차에 탄 채 녀석과 나란히 달렸는데 우기의 뒷다리 근육은 마치 감아놓은 용수철과 같았다. 그것들은 너무나 강해서 녀석이 앉아서 근육을 모으면 엉덩이가 바닥에 닿지 않을 정도였다. 튼튼한 목덜미는 머리 뒷부분에서 마치 아코디언 모양으로 겹겹이 접혀 있었고, 긴 흉곽은 날씬한 허리를 향해 매끈하게 곡선을 그리고 있었다. 앞에서 보면 우기의 넓은 가슴팍은 마치 네모난 상자처럼 보였고, 옆에서 보면 가슴팍의 직사각형은 엉덩이 쪽으로 점점 좁아졌다. 녀석의 눈썹은 검고 가늘었고 섬세한 속눈썹은 흰색을 띠었다.

핏발이 설 때가 잦은 눈동자는 혈통 중에 섞인 그레이트 데인즈의 흔적이었다.

우기의 짧고 흰 털 아래엔 수없이 많은 검은 얼룩점들이 있었다. 마치 달마시안과 같은 얼룩이지만 색깔이 훨씬 연해서 점이라기보다는 점들의 그림자처럼 보였다. 묽은 물감이 묻은 두어 개의 붓을 녀석의 몸 전체에 걸쳐 흔들어 턴 것 같기도 했다.

도고에 대한 글들을 읽고 나는 우기에게 이렇게 선언했다.

"안됐지만 우기, 넌 결코 쇼 독이 될 순 없겠구나. 쇼 독이 되기엔 몸에 점이 너무 많아. 이 책에 의하면 몸에 점이 하나 이상이면 쇼에 나갈 수 없다는 구나."

잠시 녀석의 표정을 살핀 후 나는 이렇게 덧붙였다.

"난 네가 이루어질 수 없는 허황된 꿈을 꾸길 바라지 않는단다. 비현실적인 목표를 이루라고 부추길 생각도 없고 말이야. 당장은 받아들이기 힘들겠지만 언제나처럼 잘 이겨내리라 믿는다."

우기를 데려왔을 땐 녀석의 털이 짧아서 그다지 많이 날리지 않겠거니 생각했다. 하지만 그건 잘못된 판단이었다. 집안의 모든 물건에는 우기의 털이 덮였고, 차 안은 낯선 가루라도 살포한 것처럼 뿌예졌다. 나는 매주 말을 빗길 때 쓰는 고무 재질의 튼튼한 빗으로 녀석의 털을 쓸어내려야 했다.

우기는 더운 날씨를 좋아했는데 그건 도고의 특성이기도 했다.

여름이면 녀석은 때때로 진입로에 드러누워 몇 시간 동안이나 태양을 즐겼다. 집에 돌아온 녀석을 만지면 마치 오븐에라도 들어갔다 나온 것 같은 뜨거운 기운이 전해져 왔다. 우기는 눈은 좋아했지만 물에 젖는 건 아주 싫어해서 비 오는 날에는 좀처럼 밖에 나가려 하지 않았다. 한 번은 비 오는 날 녀석을 마당에 데리고 나갔더니 집 주위를 건성으로 총총히 한 바퀴 돌더니 될 수 있는 한 빨리 집으로 들어와 버리기도 했다.

우기가 다른 개들과 어울리는 모습을 지켜보는 건 정말이지 멋진 경험이다. 녀석의 육중한 체구와 속도, 힘차게 성큼성큼 뛰어 잔디밭을 가로지르는 모습은 평범한 말들 사이에서 달리고 있는 뛰어난 혈통의 준마를 연상시켰다. 우기가 조금만 더 무거웠더라면 녀석이 달릴 때 땅이 흔들렸으리라. 녀석보다 빠른 말도, 더 무거운 개들도 물론 있었다. 하지만 누구도 그만큼 힘에 넘치지는 못했다. 녀석은 멈추지 않고 달리도록 설계되었고 달리기를 무척이나 좋아했다. 우기가 원하는 건 원 없이 달리는 것, 그리고 다른 개들과 어울려 노는 것이었다. 다른 개들과 함께 달릴 때면 우기는 결코 선두에 혼자 나서지 않았다. 녀석은 항상 선두에 선 개의 어깨 정도쯤에서 나란히 달렸다. 그 바람에 다른 개와 살짝 부딪치고는 했지만 절대 다른 개들을 공격해 때려눕히려는 시도는 하지 않았다. 녀석은 완전히 기진맥진할 때까지 달리다가 몇 분간 쉰 후 또다시 달릴 준비를 했다.

도고의 기질을 안 덕분에 우리는 우기의 행동과 성격을 더 잘 이해하게 되었다. 밖에 나갔다 돌아오면 우기는 종종 부엌이나 식당에 있는 탁자 위에 잠들어 있었으며, 공원에서는 피크닉 탁자 위에 올라가 앉기도 했다. 그런 행동은 아마도 녀석의 사냥 본능 때문인 것 같았다. 사냥감을 찾기 위해서는 높은 곳에 올라가 있는 것이 당연히 유리하지 않겠는가.

타고난 사냥 감각 덕분에 녀석은 다른 동물의 존재를 재빠르게 인식했다. 깜깜한 밤에 산책하러 나가 녀석이 가던 길을 멈추고 수풀 속이나 어두운 차도를 응시하거나, 멈추어선 채 꼼짝도 하지 않고 귀를 쫑긋 세운 채 집중하고 있다면 주변 어딘가에 반드시 또 다른 생명체가 있다는 뜻이었다. 때때로 우기는 고개를 숙인 채 무언가를 응시하며 그것의 정체가 무엇인지 밝혀내려는 듯 긴장된 태도를 보일 때가 있다. 그럴 때면 녀석은 내가 알지 못하는 그 무엇을 온몸으로 느끼려는 것처럼 보였다.

우리와 함께 산 처음 2년 동안 산책하러 나가기만 하면 녀석은 다람쥐나 토끼가 눈에 보일 때마다 쫓아다녔다. 한 번은 우기 이름의 뜻을 묻는 이웃에게 이렇게 답하기도 했다.

"요정 나라 말로 '다람쥐의 골칫거리'라는 뜻이랍니다."

물론 녀석은 쫓아다니기만 할 뿐 잡지는 않았다. 하지만 정말이지 '끝까지, 끊임없이' 쫓아다녔다. 우리 집 뒤쪽 테라스 아래에는 얼룩다람쥐 몇 마리가 살고 있었는데 우기는 그곳에 나와 서서 얼룩다람쥐를 향해 쉬지 않고 짖어 대곤 했다.

"녀석! 그 무서운 얼굴로 고작 다람쥐를 향해 그렇게 짖다니. 정말 바보 같아 보여!"

수차례의 내 진심 어린 조언에도 녀석은 전혀 신경 쓰지 않았다.

비록 자주 그렇지는 못하지만, 내가 가장 좋아하는 일은 자유 시간을 즐기며 소파 위에 몸을 쭉 펴고 널브러져 있는 것이다. 물론 그럴 때마다 우기 역시 나를 따라와 머리를 내 팔꿈치 안쪽에 집어넣거나 혹은 내 어깨 위에 올려놓고는 누웠다. 우기와 그렇게 함께 있는 시간은 언제나 내게 믿을 수 없는 행복을 선물한다. 특히 녀석이 느긋한 햇살을 즐기며 잠들었을 때 내는 고르고 편안한 깊은 숨소리와 심장이 뛰는 리듬을 느낄 때면 난 말로 설명할 수 없는 삶의 힘을 얻고는 한다.

가끔 나는 녀석을 상대로 여러 가지 화제를 가지고 이야기를 나눌 때도 있다.

"우기, 만약 네 귀가 두 개였다면 어떨 것 같니? 만약 그랬다면 너의 성격이나 태도가 지금과는 달랐을까? 지금처럼 나를 사랑했을까?"

질문을 받으면 녀석은 나를 한동안 바라보았다. 그러고는 바보 같은 질문이라는 듯 고개를 다시 돌려버린다. 한 번은 이런 질문도 했다.

"다른 도고들과 이야기하니? 텔레파시 같은 걸 써서 말이야. 혹시 어떤 초자연적인 도고들만의 대화가 있진 않니? 왜 그런 생각을 하느냐고? 그건 네가 너무나 독특하기 때문이지. 어쨌든 만약 그렇다면 이렇게 전해 주렴. 넌 아주 많이 사랑받고 있다고. 덕분에 아주 잘 지낸다고."

잠시 생각에 잠긴 뒤 나는 이렇게 덧붙였다.

"그들에게 전해 줘. 우리 가족 모두가 널 사랑한다고. 마치 오늘이 세상에 남은 마지막 날인 것처럼."

8
아픔은 여기서 끝내자

나는 개 주인에게는 특별한 의무가 있다고 늘 믿어 왔다. 주인은 개의 삶이 최대한 행복하고 평화로운 것이 되도록 모든 노력을 기울여야 한다. 자신의 삶에 개를 맞아들이기로 결정한 순간부터 의무는 온전히 내 것이 된다. 다른 생명을 떠맡기로 했다면 최선의 결과를 낼 수 있는 길을 하나다.

얼굴에 돌이킬 수 없는 상처를 입고 구조된 우기에게 삶이란 마냥 즐겁기만 한 것이 아니었다. 지난날의 상처를 치료하기 위해 녀석은 네 번의 큰 수술을 감당해야 했고, 그 회복 과정도 만만치 않았다. 하지만 어떤 힘든 수술도 녀석의 타고난 기질과 성품에 조금의 악영향도 끼치지 못했다. 오히려 어려움을 겪을 때마다 가족들을 더 많이 신뢰하고 의지하는 것 같았다. 녀석은 우리가 자신의 아픔을 낫게 해 주려고 한다는 걸 알았다. 그 믿음 덕분에 우기는 물론 가족들도 평안할 수 있었다.

우기가 자라면서 얼굴의 상처 부위 또한 점점 넓어져 다시 한 번 수술이 불가피했다. 늘어난 피부 때문에 녀석의 왼쪽 얼굴을 위로 잡아당겨 잘 때 왼쪽 눈을 완전히 감지 못했다. 건조를 막기 위해 눈에서는 항상 녹색을 띤 진물이 흘렀고, 우리는 그럴 때마다 녀석의 눈을 닦아 주어야 했다. 윗입술은 뒤로 말려 올라가 항상 찌푸린 것 같은 표정이었고, 윗니 일부가 드러나 있어 상대를 비웃는 것처럼 보이기도 했다. 상처 부위는 파충류처럼 털 없이 맨살을 그대로 드러내고 있었기 때문에 왼쪽 얼굴의 옆모습은 마치 공룡처럼 보여 가족들은 때때로 녀석을 '공룡 개'라고 불렀다.

우리 가족은 우기와 함께 살기 시작하면서 녀석의 얼굴에 난 상처도 자연스럽게 받아들였다. 하지만 다른 사람의 시선까지 막을 수는 없었다. 우기를 처음 본 사람들은 녀석의 충격적인 모습에 당황하고는 했다. 한쪽 얼굴은 새카맣고 큰 코에 흰 털로 덮인 사랑스러운 얼굴이었지만 다른 한쪽은 완전히 그로테스크한 모습이었다. 당연히 우리가 지나갈 때면 사람들은 놀라움과 두려움을 느끼며 녀석의 얼굴을 바라볼 때가 많았다. 어떤 사람들은 우리가 엄연히 그 자리에 있음에도 주변 사람들에게 '저 이상한 녀석 좀

봐!'라는 메시지를 담은 요란한 몸짓을 해 대기도 했다. 그럴 때면 나는 우기가 얼마나 사랑스러움이 철철 흘러넘치는 녀석인지 이야기해 주고 싶었다.

우리 가족은 모두 언제나 우기에게 진심을 다했지만 누구도 우기의 얼굴에 난 상처 때문에 녀석에게 건강상의 문제가 생길 거라고는 예상하지 못했다. 실제로 우기에게는 아주 심각한 문제가 있었다. 다만 녀석이 아주 심한 고통도 잘 참아냈기 때문에 티가 나지 않았고, 덕분에 눈치 채지 못했을 뿐이었다.

두 살이 되어 녀석이 더는 성장하지 않게 되었을 무렵 정기검진을 마친 비앙코 박사가 말했다.

"상처 부위가 우기의 얼굴 근육을 일그러뜨리고 있어서 녀석은 만성적인 고통을 느끼고 있을 겁니다. 아마 녀석의 성격상 티를 내지 않았을 거고 앞으로도 그렇겠죠."

"얼마나 아팠을까요?"

"누군가 선생님의 얼굴을 꽉 움켜쥐고 끌어당긴다고 상상해 보세요. 그리고 그 상태에서 힘껏 살을 비트는 겁니다."

의사는 녀석의 광대뼈 바로 밑 얼굴 살을 쥐더니 양손으로 휙 잡아당기는 시늉을 했다.

"어쩌면 참을 만한 고통이었을 수도 있죠. 하지만 분명한 건 그동안 아주 대단히 불편했을 거란 점입니다."

잠시 생각에 잠기더니 박사가 제안했다.

"녀석의 얼굴을 재건하는 수술을 해도 되겠습니까? 사실 이렇게 심각한 상태의 얼굴을 고치는 수술은 한 번도 해 보지 않았지만요. 하지만 성공할 자신이 있습니다. 녀석의 상처와 일그러진 얼굴 상태를 고려한다면 물론 이건 대단한 도전이 될 거예요. 하지만 장담하죠. 일단 수술을 마치면 지금보다는 훨씬 더 나은 삶을 살게 될 겁니다. 아, 또 한 가지 약속드리죠. 수술 후에 녀석은 견공계의 브래드 피트가 될 겁니다. 하하하!"

비앙코 박사의 뛰어난 수술 실력을 잘 알고 있었기 때문에 우리는 결과에 대해 한 치의 염려도 하지 않았다. 게다가 이 일은 우기의 행복을 위해 박사가 '손수 해 주고 싶은 일'이라는 걸 우리는 알았다.

마침내 세 시간 반 동안의 대수술이 시작되었다. 박사는 먼저 녀석의 얼굴에 난 상처 부위를 근육까지 통째로 제거했다. 나중에 비앙카 박사는 이렇게 말했다.

"상처 부위 피부를 다 드러내자 우기의 머리엔 소프트볼 공만 한 구멍이 드러나더군요."

그러고는 자신의 주먹을 들어 보여 주었다.

"보세요, 이만한 크기의 구멍이 있었답니다."

상처 부위의 피부를 전부 제거한 후, 박사는 남아 있는 왼쪽 귀의 그루터기 같은 부분과 그것을 둘러싼 피부도 떼어냈다. 이 피부는 얼굴 상처 부위에 이식할 것이었다. 그런 다음 박사는 우기의 늘어진 목 부분의 살을 뜯어내 앞다리 안쪽에서 제거한 피부 조각과 함께 주둥이 안쪽 털에 붙여 넣었다.

"이 과정에서 가장 염려되는 건 '재건 수술에 필요한 피부가 충분할 것인지'였는데 다행히 피부는 모자라지 않았어요."

원래 있던 구멍을 막으면 수술 후 혈액이나 체액이 빠져나가는 데 문제가 생길 수 있으므로, 박사는 왼쪽 귀가 있던 위치를 찾은 후 두개골 옆에 작은 구멍을 하나 내었다. 그리고 왼쪽 귀가 있던 자리에 난 작은 구멍에서 두개골로 이어지는 인공관을 만들었다. 덕분에 수술 후 감염 위험도 훨씬 줄었다.

"공격당했을 때 찢겨버린 수직으로 난 관은 재생하지 않았습니다. 그걸 복구한다고 해서 우기의 왼쪽 청력이 살아나지는 않을 테니까요."

수술 다음 날, 나는 녀석을 보러 갔다. 우기의 얼굴은 부어오르고 일그러져 있었고 마치 흠씬 두들겨 맞은 것처럼 멍이 들어 있었다. 얼굴의 왼쪽 선을 타고 검은 실로 꼼꼼히 바느질한 자국도 보였다. 이식한 살이 잘 붙도록 가로 방향으로도 바느질되어 있었고, 이식용 살을 떼어낸 앞다리에는 푸른색 거즈가 감겨 있었다. 두개골에서 끊임없이 흘러나오는 피와 수액은 턱을 따라 흐르고 있었다. 우기는 세상 어떤 개보다 쓸쓸해 보였다. 병원에서 가장 큰 우리에서 자고 있었지만, 어쨌든 우리는 우리지 않은가?

수술에서 완전히 회복된 후 녀석이 어떤 모습일지 머릿속에 미리 그려볼 순 없었지만, 수술은 대성공인 것 같았다. 녀석은 이제 무시무시해 보이지 않을 것이고, 만성적으로 우기를 괴롭히던 고통도 사라질 것이다.

'가엾은 우기… 아주 힘든 수술을 잘 견뎌 주었구나. 이 경험 또한 네 사랑스러운 성격을 해칠 수는 없을 거라 믿는다.'

나는 날마다 병원을 찾았고, 우기는 하루가 다르게 건강을 회복했다. 녀석은 봉합선을 긁거나 핥을 수 없도록 목에 바깥으로 넓게 퍼지는 플라스틱 깔때기 같은 것을 쓰고 있었다. 그것의 정식 이름은 이칼라였는데 이 명칭은 영국의 엘리자베스 여왕 시대에 남자들이 튜닉 위에 걸쳤던 주름깃에서 유래한 것이라고 한다. 깔때기를 한 우기의 모습은 1950년대 스타일의 우주선 탑승 견을 연상시켰다.

병원 직원은 내가 있는 동안은 우기를 우리에서 꺼내 주었다. 나는 녀석의 우리 옆에 놓인 작은 의자에 앉아 한 손엔 책이나 잡지를 들고 한 손으로는 옆에 웅크리고 누운 녀석을 연신 부드럽게 쓰다듬어 주었다. 진통제가 우기의 스트레스를 줄여 주었지만, 녀석의 기운을 북돋고 진정시키는 데는 이 방법이 최선이었다. 가족들과 떨어져 철제 우리에 갇혀 지내야 하는 것은 물론 힘든 수술을 견디면서 녀석은 많이 지쳤을 것이다. 얼굴과 몸짓에서 몸 상태가 말이 아니라는 걸 느낄 수 있었다. 그런데도 우기는 불편한 기색 하나 없이 잘 견뎠다. 우기는 우리를 신뢰했다. 가족들과 병원 식구들 모두를.

퇴원 후에도 깔때기를 계속 목에 차고 있어야 했다. 그 우스꽝스러운 모습으로도 녀석은 집안 구석구석을 잘도 누볐고, 이따금 혈기를 제어하지 못하고 문이나 벽, 서랍장에 셀 수 없이 부딪히다 결국 깔때기가 산산이 조각나 버렸다. 나는 녀석에게 좀 더 작은 크기의 깔때기를 사다 주었고 그제야 다니는 게 한결 수월해진 것 같았다.

수술을 마친 열흘 후 실밥을 제거했고 새하얀 털이 다시 자랐다. 우기의 얼굴은 녀석이 견뎌 온 시련들을 끊임없이 떠오르게 했지만, 그런 얼굴 또한 녀석이 견뎌야 할 몫이었다. 예전에 귀가 있던 부분에 지금은 작고 검은 구멍이 하나 있고, 손상되지 않은 오른쪽 얼굴에는 귀 뒤로 흰 털이 촘촘하게 자라고 있다. 하지만 다리 살을 이식한 왼쪽 얼굴엔 눈 윗부분과 귀가 있던 부분이 시작되는 부분 사이에만 털이 났고, 그 털은 솔기 없이 매끄럽게 이어지기보다는 울퉁불퉁하고 약간 들려 올라간 것처럼 보였다. 그곳이 바로 우기의 두 얼굴을 이어 붙인 부분이었는데 그 선은 두

개골을 타고 흘러 턱밑까지 이어졌다.

턱뼈의 일부가 부서져 버렸기 때문에 얼굴의 구조를 떠받치는 힘이 부족했고, 덕분에 녀석의 얼굴은 자라면서 형태가 조금씩 변했다. 게다가 왼쪽 이마의 살과 근육이 혈액 부족으로 점점 쪼그라들었고, 두개골 왼쪽 윗부분이 점차 아래로 기울었다. 반면 왼쪽 얼굴은 수술로 약간 위로 올라간 상태였기 때문에 얼굴은 한쪽으로 치우친 것처럼 보였다. 오른쪽 얼굴의 늘어진 살은 아래턱 밑에 정상적으로 달려 있었지만, 왼쪽은 그렇지 않았다. 왼쪽 눈은 오른쪽 눈보다 약간 위에 있었고 크기도 더 컸고, 크고 새까만 코의 왼쪽 부분은 오른쪽과 달리 위를 향하고 있다. 녀석의 얼굴을 누군가 천천히 뜯어본다면 아마도 이런 말을 하리라.

"흠, 반으로 잘린 초상화를 누군가 대충 다시 테이프로 붙여놓은 것 같군."

이런 비정상적인 얼굴 덕분에 우기는 항상 웃는 것처럼 보이기도 했다. 특히 정면에서 봤을 때 녀석의 입가는 조금 말려 올라갔는데, 덕분에 마치 미묘하고 비밀스러운 농담을 듣고 있는 사람 같기도 했다.

턱뼈 한 조각이 날아가 버렸기 때문에 늘어진 아랫입술을 떠받칠 뼈가 부족했다. 입술 안이 항상 촉촉이 젖어 있는 탓에 온갖 먼지와 음식물, 노폐물이 늘어진 아랫입술 안쪽에 딱딱하게 말라붙었고, 그것들을 정기적으로 제거해 주어야 했다. 우리에게 그 일은 녀석을 쓰다듬어 주는 것만큼 자연스러운 일이었다. 나는 아이들에게 이렇게 말하곤 했다.

"너희가 나중에 좀 더 나이가 들면 누군가에게 이토록 꾸준한 친절을 베풀었다는 사실을 아주 기쁜 마음으로 기억하게 될 거야."

우기의 입을 닦아 주는 것은 우리 사이의 친밀감을 나타내는 아주 독특한 행동이었다. 입을 닦아 주려면 말 그대로, 입에 붙은 찌꺼기들을 잡아당겨 없애야 했기 때문에 우기는 고통스러워했다. 하지만 녀석은 우리 마음을 아는지 잘 참아 주었고, 아무 거리낌 없이 그 일을 해 주는 것에 대해 감사하는 것 같았다.

얼굴 재건 수술을 받은 그 해 어느 이른 저녁, 녀석은 마당을 한 바퀴 돌다가 다리를 절뚝거리며 집안으로 들어왔다. 오른쪽 뒷다리에 전혀 무게를 실을 수 없는 것 같았다. 복도를 힘겹게 걸어오던 녀석은 결국 그대로 쓰러졌다. 바닥에 누운 채 가쁜 숨을 헐떡이고 있었고, 신음이나 흐느낌도 들려오지 않았다. 엄청난 고통을 느끼고 있는 게 틀림없었다. 심지어 기침하며 노란 담즙을 토해내기도 했다. 수술 후 남은 진통제 한 알을 고기 한 조각에 섞어 먹였더니 녀석은 곧바로 잠들었다.

그날 밤 난 마룻바닥 녀석의 옆에서 함께 밤을 지냈다. 그렇게 하지 않으면 아이들 모두 캠프에 참가하느라 집을 비웠기 때문에 분명히 나를 찾아 2층으로 올라올 것이고 그러면 증세가 더 악화될 것이었다. 녀석이 더 아프지 않도록 최대의 노력을 기울이는 건 나를 위한 일이기도 했다. 대신 아파 줄 수 없으니 조금이라도 녀석을 편안하게 해 주는 게 내가 할 수 있는 전부였다.

날이 밝자마자 우기를 태우고 병원으로 달려갔다. 평소에는 차를 탄다는 사실을 알아차리기만 해도 신이 나서 낑낑대며 짖어대던 녀석이, 이번에는 차를 타고 바닥에 웅크려 누운 채 가는 내내 꼼짝도 하지 않았다.

병원에 도착했다. 녀석을 겨우 이끌고 병원 계단을 올랐다. 비앙카 박사가 나왔고 직원 두 명이 우기를 진료실로 옮겼다.

"전방십자인대 파열입니다."

"예? 무슨 파열이라고요?"

"인대요. 인대가 찢어졌네요."

"왜 그렇게 된 거죠?"

"글쎄요, 마당을 달리다가 구멍에 발을 헛디뎠을 수도 있어요. 어쨌든 수술이 필요한 부상입니다."

"우기를 고쳐주실 수 있나요?"

"아니요. 그쪽 분야 전문가에게 수술을 맡기셔야 할 겁니다. 여기서 차로 40분쯤 떨어진 곳에 병원이 있는데 거기에 십자인대를 전문적으로 수술하는 의사가 있어요. 소형견은 낚싯줄로 십자 인대를 대치하는 것 같더라고요. 하지만 우기의 다리 근육으로 보건대 그건 안 될 것 같고 특별한 수술이 필요할 것 같군요. 수술비는 비싸지만 그 분야에선 최고의 의사예요."

"박사님이 추천하는 의사이니 더 말할 필요 없겠지요. 우기에게 무엇이 최선일지 항상 먼저 생각해 주시니까요. 수술비는 얼마나 들까요?"

"글쎄요. 아마도 150에서 200만 원 사이일 겁니다."

나는 비앙코 박사가 알려준 번호로 전화를 걸어 바로 예약을 했다. 같은 날 오후 우기는 진료를 받았고 바로 다음 날로 수술 날짜를 잡았다.

"뼈를 잘라내고 서로 지탱할 수 있게 판금을 박아 넣을 겁니다."

의사는 우기 다리를 찍은 X-레이 사진과 수술 과정에 관한 그림을 보여 주었다. 수술비는 비앙코 박사가 예상한 것보다 거의 두 배가량 비쌌다.

집으로 돌아오는 차 안에서 나는 우기를 제대로 돌봐주지 못했다는 절망감과 싸워야 했다. 다시는 나쁜 일을 당하지 않게 해 주겠다고 몇 번이고 약속했지만 결국 지키지 못했다. 그런 약속을 지킨다는 게 쉽지 않은 일이라는 건 알고 있었지만, 꼭 그렇게 해 주고 싶었다.

다음 날 늦은 오후, 병원으로부터 연락이 왔다.

"수술은 아주 잘 끝났습니다. 경과를 지켜봐야 하니 이틀 정도는 병원에 입원해야 합니다."

수술이 끝난 지 24시간 후 짧은 면회를 허락받았다. 진료실에서 몇 분 기다리자 깔때기를 한 우기가 다리를 절뚝거리며 나왔다. 나는 녀석의 옆에 앉아 눈높이를 맞추었다. 그러자 우기가 내 무릎에 머리를 기대왔다. 순간 눈물이 솟구쳤다.

'가엾은 녀석!'

녀석의 시련은 도대체 언제쯤 끝나는 걸까? 분홍빛으로 드러난 오른쪽 다리살 위로 검정실로 꿰맨 자국이 선명했다.

"우기! 우리 뭔가 더 좋은 일을 생각하자, 알겠지?"

녀석을 위로하고 싶은 마음에 노래라도 떠올리려 애썼지만 도무지 가사가 생각나지 않았다. 그때 갑자기 시 한 편이 떠올랐다. 초등학교 6학년 때, 친구가 시 낭송 대회에서 읊었던 운율감이 두드러진 시였는데 왜 하필 그 시가 생각났는지는 지금도 알 수 없다. 비록 처음 한 소절밖에는 생각나지 않았지만 시를 낭송하기 시작하자 우기의 꼬리가 천천히 흔들리기 시작했다. 나는 첫 소절을 몇 차례 반복했다. 녀석은 훨씬 편안해 보였다.

다음 날 우기는 퇴원을 했다.

"조용한 환경을 만들어 주시고요, 일주일 동안 진통제를 먹이셔야 합니다. 운동은 아주 조금만 해야 합니다. 하루에 한 번 끈을 맨 채 마당 한 바퀴 정도만 도세요. 뛰어서도, 점프해서도, 기어올라서도 절대 안 됩니다."

앞으로 2, 3개월간 힘이 넘치는 이 녀석을 그리 넓지 않은 방에 가둬 놓아야 한다는 말이었다.

"휴, 아마 불가능할 겁니다. 녀석은 문을 갈가리 찢어서라도 방에서 나올 거예요."

잠시 생각하더니 의사가 말했다.

"어쨌거나 최선을 다하는 수밖에 없네요."

나는 식당에 우기의 거처를 마련했다. 유리벽을 통해 따뜻한 햇볕이 들어와 방 안을 따스하게 덥혔다. 녀석이 가장 좋아하는 의자도 갖다 놓았는데 우기의 털이 너무 많이 달라붙어 있어 아예 녀석처럼 보이기도 했다. 나는 복도로 향하는 문을 닫았고 우기에게 물그릇을 가져다주었다. 담요를 가져와 바닥에 깔고 장난감을 올려놓았다.

"어때, 마음에 드니?"

부엌으로 난 스윙도어(밀면 열렸다가 놓으면 저절로 닫히는 반 회전문―옮긴이)를 바라보며 난 잠시 고민에 빠졌다. 뭐로 막아 놔야 녀석이 저기로 드나들지 않을지 쉽게 떠오르지 않았다. 오히려 한

가지 걱정만 뒤따랐다. 저 문으로 드나들 수 없다면 녀석은 분명히 문을 억지로 밀려고 할 것이었다. 그럼 무릎에 더 큰 무리가 갈 것이었다. 결국 부엌으로 난 스윙도어는 그대로 두고 부엌에서 복도로 나 있는 문만 닫기로 했다.

"우기야, 잠깐 사무실에 좀 다녀올게. 곧 보자."

집에 돌아왔을 때 우기는 식탁 위에 올라가 잠들어 있었다.

아이들은 한 주 내내 캠프에 가 있느라 집을 비울 터였다. 밤이 되자 아내는 이층 침실로 향했고 난 베니어판을 가져다 계단 입구를 막았다. 아내를 따라 침대에 막 들어가려는 순간 녀석의 칭얼거리는 소리가 들려왔다. 순식간에 우기는 침대 발치에 와서 있었다. 자신에게 관심을 가져 달라는 듯 꼬리를 살랑살랑 흔들며.

"세상에, 베니어판을 훌쩍 뛰어넘어 온 거니? 그 무릎을 하고?"

나는 잠시 절망했다.

"네가 계단을 올라오는 걸 막을 길은 하나밖에 없겠구나. 좋아, 같이 내려가자. 그 무릎이 다 나을 때까지는 네 옆에서 자야겠구나."

이불을 챙겨 들고 녀석을 따라 느릿느릿 계단을 내려갔다. 거실에 이불을 깔고 3분의 2 정도를 차지해 자리에 누웠다. 우기가 내 옆을 파고들게 뻔했기 때문이다. 옆에 와 몸을 말고 누운 우기와 나는 금세 잠들었다.

다행히 여름이었기 때문에 우리는 별이 쏟아지는 밤에 종종 산책했는데 그럴 때면 마치 세상에 우기와 나 그리고 부엉이 몇 마리만 숨 쉬고 있는 것 같았다. 녀석과 나는 함께 머리 위로 날아가는 비행기의 반짝거리는 불빛을 보고, 멀리서 들려오는 자동차 소리를 듣고, 형형색색 꽃들의 내음을 맡았다.

우기와 나의 동침은 아이들이 캠프에서 돌아올 때까지 계속됐다. 그렇지 않았다면 녀석은 밤마다 베니어판을 넘어 계단을 오르내렸으리라. 소파 위에서 잘 수도 없었다. 그랬다면 우기 역시 소파 위로 올라오려 할 테고 무릎에 무리가 갈 것이 뻔했다.

캠프가 끝나자 거실에서 우기와 함께 자는 일은 곧바로 아이들의 차지가 되었다.

"그런 일이라면 젊은 우리가 훨씬 더 잘할 수 있어요!"

사실 부모의 눈을 벗어나 조금이라도 분리된 공간에서 밤을 보내는 건 아이들에게 신나는 모험이었다. 그러나 우기가 밤늦게 일어나 산책하러 가자며 뒷문 앞에서 칭얼대는 소리를 들을 수 있는 건 나뿐이었다. 그 시간 아이들은 깊은 잠에 빠져버려 어떤 소리도 들을 수 없기 때문이다. 침대에서 몸을 일으켜 졸린 눈을 치켜떠야 했지만 부담스럽거나 귀찮다는 생각은 전혀 들지 않았다. 녀석에게 내가 필요하다는 사실은 나를 기쁘게 했다.

"네가 기댈 수 있는 사람, 도움을 청할 수 있는 사람이 나라서 참 좋다."

거실에서 자기 시작하면서 아이들의 생활 역시 완전히 달라졌고, 둘은 두 번 다시 2층으로 올라오지 않았다. 그곳은 십 대 소년에게는 천국이나 다름없었다. 거의 돌보지 않은 채 썰렁하게 비어 있던 1층의 공간 또한 바뀌었다. 탁구대와 와이드 스크린 TV, 게임기와 DVD 플레이어가 놓였다. 1층과 2층으로 공간이 분리되자 아내와 나는 아이들에게 예전만큼 잔소리를 할 수 없었다. 부모의 방해 없이 전화 통화를 하고 문자 메시지를 보내고 마음껏 TV를 보며 밤늦게 잠들 수 있는 그곳에서 아이들은 해방감을 느꼈으리라. 동시에 아이들이 세 살부터 열다섯 살까지 사용했던 2층 방은 얼어붙은 세계 마냥 정지해 버렸다.

무릎 수술 후, 우기는 마당을 산책하는 운동만 허락받았다. 나는 아침저녁 규칙적으로 녀석을 산책시켰고, 회사에 나가 있을 때도 적어도 한 차례는 집에 돌아와 함께 마당을 걸었다. 그렇게 하지 않으면 무릎이 뻣뻣해질 터였다. 주말에는 몇 차례 산책을 더 했고 출근 전과 잠자리에 들기 전 무릎 마사지도 잊지 않았다. 그리고 얼마 후, 마침내 실밥을 풀 수 있었다.

그런데 수술 후 몇 주가 지나자 오른쪽 무릎이 부어오르고 많이 따끔거리는지 녀석은 다시 기운을 잃었다. 열도 올랐고 입맛도 없는 듯했다.

"수술 후유증으로 감염을 일으킨 것 같습니다."

비앙코 박사의 진단을 받고 무릎 수술을 집도한 의사를 찾아갔다.

"다리에 박아 넣은 철심 때문에 몸이 거부반응을 일으키고 있습니다. 염증을 가라앉힐 항생제를 처방해 드리겠습니다. 하지만 복용을 멈추자마자 증상이 재발할 겁니다."

"그럼, 다른 방법이 없을까요?"

"안됐지만 유일한 방법은 다시 다리를 열어 철심을 제거하는 겁니다. 그리고 다른 지지대를 넣어보는 것이지요."

"비용은 얼마나 들지요?"

"천오백만 원 정도 더 듭니다."

우기의 다리에 철심을 넣은 것은 순전히 의사의 결정이었기 때문에 나는 이 액수에 이의를 제기할까도 생각해 보았다. 하지만 결국 이 의사가 다시 수술할 테고, 나는 우기를 맡긴 의사와 갈등을 일으키고 싶지 않았다. 게다가 애초에 그 결정이 의학적으로 잘못된 것이었다는 사실을 증명할 길도 없었다. 사흘 동안 입원한 후, 우기는 집에 돌아왔고 재활치료도 다시 시작되었다.

수술 후, 비앙코 박사는 이런 조언을 했다.

"이제 중요한 건 우기의 체중을 줄이는 일입니다. 몸무게가 많이 나갈수록 무릎에 부담을 줄 테니까요. 아, 그리고 관절 윤활 성분이 든 식단을 처방해 드리죠."

그날 이후, 우기는 일반적인 개 사료를 단 한 입도 먹지 않았다. 하루에 두 번, 유기농 야채와 닭고기를 섞은 사료 반 컵과 박사가 처방해 준 건조 사료 반 컵을 섞어 녀석의 식사를 준비했다. 그 식단에는 지방이 거의 들어 있지 않았다. 아침에는 그 외에도 관절 윤활 성분이 든 알약과 털에 윤기를 더해 주는 생선 기름, 비타민제 등을 함께 먹었다. 저녁에는 약 대신 사료에 상어 연골 가루를 뿌려 주었다. 그럴 때면 마치 중세시대 마녀라도 된 것 같은 기분이 들었다. 비록 약효는 확신할 수 없었지만 우기를 위해 가능한 모든 일을 해 주고 싶었다.

한 달 후 상태가 많이 좋아져 '수중 요법'을 해도 좋다는 진단이 나왔다.

"물속에서 움직이면 무릎에 부담을 주지 않고 운동할 수 있습니다. 근육의 탄력이 돌아오는 속도도 빨라질 거고요."

의사는 개 수영장 두 곳을 추천해 주었다. 나는 곧바로 양쪽에 전화를 걸어 보았다.

"녀석은 물이 몸에 닿는 걸 아주 싫어해요. 어딘가에 갇히는 것도요. 아마도 쉽지 않은 손님이 될 겁니다."

이용하기로 한 시설에 도착하자 직원이 수영장으로 우리를 안내했다. 나이 든 개가 수영을 마치고 나오자 주인이 수건으로 몸을 말려 주었다.

"퇴행성 척추 질환을 앓고 있는 개랍니다."

직원이 낮은 목소리로 알려 주며 우기에게 구명조끼를 입혀 주었다. 조끼에는 3미터 길이의 노란 줄이 두 개 달려 있었는데, 직원과 내가 각각 하나씩 잡았다. 우리가 먼저 물속에 들어가 저항하는 우기를 수영장 안으로 끌어들여야 했다. 녀석은 완강하게 버텼다.

"걱정하지 마세요. 곧 익숙해질 겁니다."

수영장 안으로 겨우 데려왔지만 우기는 패닉 상태에 빠져 허둥지둥하며 물을 벌컥벌컥 마셔댔고 격렬하게 몸부림쳤다. 녀석은 겁에 질린 듯했고 나는 그 모습을 더는 지켜볼 수 없었다.

"녀석을 내보냅시다!"

내가 소리쳤고 우린 우기를 물 밖으로 데리고 나왔다. 녀석은 힘겹게 숨을 헐떡이고 있었다.

"세상에, 아주 기진맥진했구나. 완전히 지옥에라도 갔다 온 표정이야."

"많은 개가 처음에는 이런 반응을 보인답니다."

직원의 말은 내게 별로 호소력이 없었다. 다른 개들의 반응이 어떻든지 간에 분명한 건 우기가 더는 어떤 고통도 당해서는 안 된다는 것이었다. 나는 한 번만 더 시도해 보기로 했다.

"녀석의 두려움을 없애는 방법을 한 번 찾아보죠."

그러나 방법을 찾는 건 쉽지 않았고, 결국 두 번째 방문이 마지막 방문이 되었다.

아무리 효과적인 요법이라 해도 그 과정에서 우기가 감정적으로 고통을 당한다면 소용없다는 생각이 들었다. 녀석은 지금까지 충분히 고통받았고 이미 엄청난 공포를 경험했다. 나까지 거기에 또 다른 기억을 더하고 싶지는 않았다. 그건 처음 우기를 맞아들였을 때 스스로와 맺은 약속이기도 했다.

나는 비앙코 박사를 다시 찾았다. 박사는 최근에 문을 연 미용실 겸 물리치료 시설을 소개해 주었다. 시설의 첫인상은 마치 부유한 개 주인들의 호화로운 살롱 같은 느낌이었다. 그러나 세상일 대부분이 그렇듯 첫인상이 다가 아니었다. 물론 그곳은 부유한 주인을 둔 운 좋은 개를 위한 스파이기도 하지만, 탁월한 재활 시설이기도 했다.

애완견 재활 의학을 전공한 수의사는 우기에게 필요한 재활 훈련이 무엇인지 진단하고, 수중 요법뿐 아니라 위축성 근육의 전기적 자극과 관련한 치료들을 처방해 주었다.

그러나 녀석에게 수중 요법을 시행하는 것은 이번에도 쉽지 않앉다. 이 요법은 뚜껑이 없고 바닥에 트레드밀이 설치된 투명한 상자 속에서 진행되었는데, 트레드밀의 속도가 점점 올라가면 상자 속에 따뜻한 물이 서서히 차오른다. 그 과정에서 개는 점차 운동 강도를 높여가며 근육을 강화시키지만 관절에는 무리를 주지 않는 방식이다. 그러나 우기는 상자에 갇히자마자 곧 패닉 상태에 빠져들었다. 밖이 훤히 내다보이는 뚜껑도 없는 투명한 상자였음에도 말이다. 녀석이 왜 이런 반응을 보이는지 설명하자 치료사는 상자에 머무는 시간을 매회 아주 서서히 증가시켰다. 두려운 반응을 보일 때마다 치료사는 즉각 치료를 중단하고 우기를 꺼내 주었다.

"다른 개들을 상자에 함께 넣어 보죠."

한 번은 우기가 계속 거부 반응을 보이자 치료사가 이런 아이디어를 냈다. 6주 후 드디어 녀석은 두려움을 떨쳐 버리고 치료에 임할 수 있었다. 더불어 다리의 힘과 무게, 탄력도 되돌아왔다.

동물과의 관계에서 결과보다 중요한 건 과정이다. 어떤 과정을 통해 어떻게 목표에 이르느냐는 매우 중요한 문제다. 그 시설의 직원들은 하나같이 차분하고 애정 어린 태도로 치료에 임했고, 그 모습은 치료 결과에 대한 확신을 심어 주었다. 아드모어 동물병원의 직원들과 마찬가지로 이들도 동물들의 행복과 안위를 다른 무엇보다 중요하게 여긴다는 것이 진심으로 느껴졌다. 막바지에 이르자 우기는 치료에 아주 열성적으로 참여했고, 어느 순간 치료를 전후해 시간이 남으면 다른 개들에게 다가가 인사를 나누며 환영을 해 줄 여유도 생겼다.

어느 날, 치료를 마치고 집에 돌아가려고 하는데 지역의 동물 구조협회장이 개 한 마리를 데리고 들어 오다 우기를 보자 이렇게 물었다.

"도고인가요?"

"맞습니다. 녀석의 종을 알아본 네 번째 분이십니다."

"녀석에게 대체 무슨 일이 있었나요?"

"투견 현장에서 미끼견으로 쓰였어요."

"저런! 신의 가호가 있기를!"

"재채기하지 않고 그런 말을 들은 건 처음인 것 같군요(미국에서는 상대가 재채기를 했을 때 God bless you라고 응수하는 것이 예의이다-옮긴이)."

수술을 마치고 의사는 이런 충고를 했었다.

"한쪽 십자인대가 파열되면 다른 쪽에도 반드시 손상이 올 겁니다. 손상되지 않았던 쪽 무릎이 혹사당하기 마련이니까요."

첫 수술 후 일 년이 조금 지났을 무렵, 우기는 또다시 다리를 절기 시작했다. 증상이 매우 미약했기 때문에 비앙코 박사는 별 다른 문제점이나 원인을 발견하지 못했다. 엑스레이를 찍어 봐도

별 이상이 없었다. 하지만 녀석은 계속 다리를 절었고, 다시 수술한 의사를 찾아갔다. 진찰실에 들어서자 의사는 녀석을 흘끗 쳐다보고는 확신에 찬 어조로 이렇게 말했다.

"십자인대가 다시 서서히 파열되고 있네요."

"아니, 어떻게 흘깃 보기만 했는데 그걸 어떻게 아세요?"

"보면 알 수 있습니다. 녀석이 정말 안 됐어요. 하지만 당장 큰일은 없을 거예요."

우기는 두 번째 십자인대 파열 수술을 받았다. 이번에도 역시 수술 후 감염 증상이 왔고, 열을 내리고 감염을 치료하기 위해 며칠 더 병원에 머물러야 했다. 그때 만난 한 기사는 우기를 데리고 대기실로 들어오며 이렇게 말했었다.

"정말 대단한 개예요. 대단해요. 사랑스럽고 예의 바르고 정말로 똑똑해요."

나는 그의 말에 건성으로 답했다. 우기가 내 얼굴을 끊임없이 핥아대는 통에 정신이 없었기 때문이다. 다시 한 번 그는 단호한 목소리로 이렇게 말했다.

"선생님은 잘 이해하기 힘들 수도 있지만 저는 한 달에도 수백 마리의 개들을 봅니다. 때때로 그 가운데 정말로 특별한 개가 있는데, 선생님의 개가 바로 그런 개예요."

실밥을 풀러 아드모어 동물병원에 갔을 때, 난 이 이야기를 비앙코 박사에게 해 주었다. 처음엔 박사가 내 말을 듣지 못한 줄 알았다. 여전히 하던 일에 집중하는 것처럼 보였기 때문이다. 박사는 잠시 후, 눈도 떼지 않은 채 말했다.
"이미 모두 알고 있었던 걸요."

9
우린 아주 특별하게 연결되어 있어

때때로 아픈 버지를 데리고 토요일 아침에 병원을 찾은 것이 운명처럼 느껴지곤 한다. 나중에 다이앤은 내게 이렇게 말했다.

"우기를 살려내고 그 아이를 입양하려 했어요. 결국 입양하진 못했지만 녀석이 충분히 입양 가능하다는 걸 확신하게 됐고, 사실 레빈 씨에게 전화하려고 마음먹었답니다. '여기 구조되어 목숨을 겨우 건진 귀가 하나밖에 없는 강아지가 있는데 데려가실 수 있나요?' 라고 말이죠."

말하자면 언젠가는 우리 집에 전화가 걸려 왔을 테고 우기는 전화기 너머에서 우리를 기다리고 있었을 터였다. 수년 전 노아와 댄이 우리를 기다리고 있었던 것처럼. 어쨌든 결코 움직일 수 없는 사실은 우기는 지금 이곳에서 우리와 함께할 운명이었다는 것이다.

그 밖에도 우기가 우리에게 온 것이 예정된 일이라고 느낄 만한 징조가 몇 가지 더 있었다. 실제로 우기를 만나기도 전에 우리 집에는 녀석을 닮은 그림이 두 가지 있었다.

아이들이 태어나기 한참 전에 나는 아내와 함께 여행했고, 캐나다 밴쿠버에 있는 미술관에 들렀다. 그곳은 이누이트 족의 미술품을 전문으로 전시하는 미술관이었는데, 우린 5년 동안 세 차례 그곳을 방문해 집안을 장식할 그림들을 수집했다. 그 가운데 '나를 지켜주는 개'라는 제목의 그림이 우리집 1층 복도 벽에 15년 째 걸려 있다. 이사 오기 전 집에도 5년 동안 걸려 있었으니 우리와 20년을 함께 한 셈이다. 이 그림 전면에는 두 마리의 희고 작은 개가 보이고, 개들은 각각 입에 이누이트 족의 무기를 물고 있다. 배경에는 앞에 보이는 두 마리 개가 크기만 더 커진 채로 또다시 등장하는데, 그들은 뒷다리로 서서는 앞발을 두 명의 이누이트 족 남자의 어깨 위에 걸치고 있다. 그리고 그림의 중심에는 또 다른 이누이트 족 남자의 얼굴이 그려져 있는데 얼굴은 반으로 나뉘어 각각 개와 남자가 짝을 이룬 형상을 하고 있다.

여기서 커다란 두 마리의 개가 우기를 꼭 닮았다. 두드러진 주둥이와 다부진 몸, 근육질의 뒤태가 영락없는 우기다. 뒷다리로

서 있는 모습 또한 판박이다. 우기를 처음 봤을 때부터 너무나 친숙했던 건 아마도 이 그림의 영향이 아니었을까? 그림을 볼 때마다 나는 우기와 맺은 소중한 인연에 늘 감사한다.

두 번째 그림은 또 다른 상황에서 갑자기 나타났다. 아이들이 7학년 때, 그러니까 우기가 우리 집에 온 지 일 년이 넘어가던 때였다. 학교 숙제 때문에 댄은 우리 집의 역사를 조사했다. 우리 동네는 원래 농사를 짓던 마을로 150년도 넘은 집들도 여럿 있었다. 댄은 조사 중에 우리 집의 전 주인이 수의사였으며 이웃들에게 땅을 조금씩 사 모아 200에이커의 땅을 소유했었다는 사실을 알아냈다. 사진도 한 장 발견했는데 1930년대에 찍힌 그 사진 속에는 수의사의 아들이 흰색 개와 나란히 옥수수밭 앞에 서 있었다. 소년은 아일랜드풍의 모자를 쓰고 격자무늬 털조끼와 헐렁한 반바지를 입고 있었는데 그 옆의 개는 우기와 정말로 닮아 보였다. 만약 우기에게 귀가 두 개였다면 둘은 구분하기도 힘들 만큼 말이다.

사진과 그림 속 개들은 충격적이리만큼 우기와 닮은 모습을 담고 있었다. 사진은 지난 80년간 이 집에 잠들어 있었고, 그림은 무려 20년간 우리 가족들 곁을 지켰다. 이 사실은 항상 내 마음에 작은 울림을 불러일으키곤 했다. 우리 중 누구도 태어나기 전에 우기와 닮은 개기 바로 이 집에 살고 있었다니!

우기가 막 한 살이 되었을 무렵부터 가족들은 녀석의 넘치는 힘을 감당하는데 애를 먹고 있었다. 결국 나는 친구의 권유로 전문적으로 개를 훈련하는 사람을 고용했다.

"그 사람이 글쎄, 동물과 이야기를 나눈다지 뭐야? 난 뭐 그리 믿기지 않지만 말이야."

훈련사가 온 첫날 난 거실에 누워 있는 우기를 소개했다. 그녀는 우기 옆에 꼬박 5분을 앉아 있었다. 우리 가족은 거실 밖 복도에 서서 그 모습을 지켜보았다. 그녀는 우기에게 머리를 갖다 대고 녀석의 귓속에 뭐라고 말을 건네고 있었다. 그런 다음 다시 몇 인치 떨어져 뚫어지게 우기를 바라본 후 다시 몸을 기울여 귓가에 속삭였다. 그녀가 우기에게 뭐라고 말하는지, 우기는 또 뭐라고 대답하는지 하나도 들리지 않았다.

"우리가 고용한 건 우기를 훈련할 사람이지 녀석과 대화를 나눌 상대가 아닌데……."

이야기를 마쳤는지 고개를 드는 훈련사의 눈에는 눈물이 글썽이고 있었다.

"우기는 가족들이 알아주길 바라요. 가족들이 보여준 사랑과 존중을 자기가 얼마나 고맙게 생각하는지……."

우리는 그녀의 말에 어떻게 반응해야 할지 몰랐다. 물론 가족들은 그녀가 무슨 말을 하는지 잘 알았다. 그리고 정말 녀석이 그

렇게 느꼈을 수도 있었다. 하지만 그녀의 진술은 여러 가지 가능성을 내포한다. 우기는 정말로 그녀와 텔레파시로 대화를 나눈 걸까? 혹은 우기의 경험과 현재 상황으로 미루어 짐작해 그럴듯한 추론을 한 것일까? 하지만 중요한 건 질문이 아니라 메시지 자체였다.

이야기를 마친 훈련사는 우기의 일상에 대해 질문했다. 나는 가족들이 집을 비울 때 우기가 들어가 있는 우리를 보여 주었다. 녀석이 그곳에 들어가기 얼마나 싫어하는지, 일단 갇히면 얼마나 한없이 짖어대는지는 설명하지 않았다. 우리를 본 훈련사는 단 일 초의 망설임도 없이 말했다.

"우기를 우리 안에 가두면 안 돼요."

"왜죠?"

"우기는 우리에 갇히는 것과 귀가 잘린 경험을 연결해 기억하고 있어요."

나는 무거운 망치로 머리를 한 대 얻어맞은 것 같은 기분을 느꼈다. 우리를 그토록 싫어했던 이유가 가족들과 떨어지기 싫어서라고 단정했던 내 무신경함이 원망스러웠다. 날마다 우리에 갇히면서 녀석이 얼마나 큰 두려움을 느꼈을지 상상조차 할 수 없었다. 일부러 그런 것은 아니었지만 분명 나는 우기를 두렵게 만들었던 것이다. 그날 이후 우리 가족 누구도 우기를 다시는 우리 안으로 들여보내지 않았다.

진실을 포착하는 훈련사의 직감에 난 경탄했고 덕분에 또 하나의 전혀 의도하지 않은 좋은 결과도 있었다. 우기가 나뿐 아니라 다른 사람과 어떻게 의사소통하는지 주의 깊게 지켜보는 것이 내게는 무엇보다 소중한 경험이었다.

비록 말은 못하지만 녀석도 내게 말을 건다. 먼저 말로 의사소통하는 경우를 보자. 처음엔 다소 의심스러웠지만 우기가 몇 가지 말을 정확히 이해하는 게 분명했다. 예를 들어 문장 중에 '공원'이라는 단어가 나오면 녀석은 대단히 흥분한다. 산책하는 시간이 정해진 것도 아니고, 그 말을 할 때 내가 열쇠를 집어 들거나 하지도 않는 데 말이다. 동작을 사용해 의사소통하는 때도 많았다. 아침에 신발을 신으면 녀석은 내가 나가는 걸 알고 우리에 갇히기 싫어 식당 탁자 밑에 숨었다.

그런가 하면 내가 우기에게 말도 안 되는 농담을 던질 때가 있다. 그럴 때면 녀석은 내 허튼소리가 전달하고자 하는 의미를 기가 막히게 포착해 냈다. 말의 내용은 중요한 게 아니다. 우기는 내 목소리와 어조를 통해 나와 깊은 교감을 나누었다.

작년 여름 무더위가 한창 기승을 부릴 무렵 그날은 유독 찌는 더위로 애를 먹은 날이었는데 밤 10시가 지났음에도 여전히 바깥은 열기로 후끈했고 습도도 높았다. 밖은 깜깜했고 귀뚜라미 소리까지 높아졌다가 잠잠해졌다. 아이들은 에어컨이 있는 거실에서 TV를 보고 우기는 그 옆에서 잠들어 있었다. 나는 부엌에서 우기에게 줄 간식을 작은 오븐에 굽고 있었는데 다 구워진 간식을 냉동고에 넣어 얼리려는 순간 누군가 나를 지켜보고 있다는 느낌이 들었다. 돌아 보니 부엌문 앞에 우기가 기대에 가득 찬 눈빛으로 서 있었다. 식당엔 불빛 하나 들어오지 않아 캄캄했고 부엌에도 희미한 불이 조그맣게 켜 있을 뿐이었다. 심지어 녀석은 마치 순간이동이라도 한 듯 소리도 내지 않고 와 있었다. 아마도 혼자만 들을 수 있는 경보음이 울려 곤히 자는 녀석을 깨웠으리라.

"음식이다! 부엌 쪽이다! 음식이다! 부엌 쪽이다!"

구운 고기 냄새가 복도를 타고 흘러가 잠든 녀석의 콧구멍을 마치 깃털처럼 간지럽게 했고, 냄새에 취해 자기도 모르게 몸을 일으켜 이곳까지 끌려 왔으리라. 어쩌면 녀석은 내가 비닐 백을 열 때 나는 바스락대는 익숙한 소리를 들었는지도 모른다. 우기는 "나 왔어요." 하는 표정으로 문 앞에서 나를 바라보고 있었다.

"벌써 다 먹어버린 거예요? 아직 남았죠? 맛있는 거 있단 얘기 왜 안 했어요?"

"역시 도고로구나. 도고는 탁월한 후각을 지닌 튼튼한 종이지. 오늘 밤에 다시 한 번 확인했구나. 정말 냄새를 잘 맡네. 알고 있었니?"

녀석의 표정엔 변화가 없었다. 귀를 쫑긋하며 무슨 말인지 알아차리려 속으로 무진 애를 쓰고 있으리라.

"방금 기회가 사라져 버렸단다. 다 구워진 간식을 냉동고에 집어넣는 역사적인 장면을 놓친 거야. 걱정하지 마. 그릇에 담겨 안전하게 보관되어 있으니. 운 좋은 개라면 이따가 밤늦게 하나 정도 얻어먹을 수 있을지도 몰라. 잘 굳은 후에 말이지."

거의 속삭이듯 낮은 목소리로 난 이렇게 덧붙였다.

"꼭 줄게, 알겠지?"

우기를 향해 고개를 끄덕이고 머리 위에 입을 맞추며 얼굴에 난 상처를 쓰다듬어 주었다.

"덩치만 큰 아기 같은 녀석!"

목에서 가져온 살로 이어붙인 얼굴의 상처 자국이 선명하게 보였다.

"넌 정말이지 누덕누덕 기운 개로구나."

녀석이 날 빤히 쳐다보았다. 역시 아무런 표정도 없었다. 그저 자리에 꼼짝도 하지 않고 서서는 내 허튼 농담을 받아주고 있었다.

"저런, 밤이 늦었구나."

녀석은 내가 무슨 말을 하든 그 말 너머에 어떤 감정이 숨어 있는지 이해했다. 나 역시 녀석의 행동을 보며 마음을 읽을 수 있었다. 때때로 책을 읽거나 컴퓨터 작업을 할 때면 우기는 자기를 쳐다봐 달라며 발로 나를 건드리며 칭얼거린다. 나와 소파에 앉아 있다가도 혼자 훌쩍 내려와 '그르렁' 거릴 때도 있었다. 함께 놀아 달라는 뜻이다.

"나가고 싶니? 아니면 간식이 먹고 싶어? 같이 놀아 달라고? 자, 이리 돌아오렴."

그러면 녀석은 나를 향해 '컹컹' 짖어댔다.

"그래, 네 수준이 되어 달라는 거지? 좋아, 그렇게 하자."

내가 소파에서 몸을 일으켜 내려가 바닥에 누워 쓰다듬어 주면 녀석은 그제야 바라던 관심을 얻었다는 듯 칭얼거림이 잦아든다.

자라면서 관심과 사랑에 대한 열망을 표현하는 녀석의 능력 또한 발전했다. 나는 그 능력의 원천이 무엇인지 잘 모른다. 어쩌면 수년 동안 서로에게 감정적으로 충실한 관계를 유지하면서 본능적으로 터득한 것일 수도 있다. 혹은 나의 말이나 행동에 대한 녀석의 이해력이 내가 생각하는 것 이상으로 뛰어난 것일 수도 있었다.

어느 토요일 아침 6시 우기가 나를 깨웠다. 그날 저녁 나는 해외 출장을 가야 했다. 여행 가방을 꺼내 놓거나 짐을 싸지 않았기 때문에 녀석이 내 여행에 대해 알 리 만무했다. 녀석은 계단을 올라와 크고 축축한 코를 얼굴에 대자 내가 물었다.

"침대 안으로 들어오래?"

제발 밖에 나가자고만 하지 않길 바라며 난 최대한 상냥하게 말했다. 그러나 녀석은 침대를 두어 번 툭툭 두드릴 뿐, 침대 속으로 뛰어들 기색은 보이지 않았다. 대신 마치 춤을 추듯 뒷다리를 앞뒤로 왔다 갔다 하며 한순간도 눈을 떼지 않고 계속 칭얼댔다.

"밖에 나가고 싶은 거니? 침대로 들어오지 않는 걸 보니 틀림없이 그런 거구나?"

이불을 젖히고 우기를 따라나섰다. 당연히 마당으로 향하는 뒷문 쪽으로 갈 줄 알았는데 녀석은 뜻밖에 댄이 자는 거실 소파 위로 기어올랐다. 그러고는 자리를 잡고 앉아 나를 뚫어지게 쳐다보며 기다렸다. 자기 옆에 앉길 바라는 것이다. 소파로 기어오르던 나는 댄의 발을 들어 올리다가 다리에 무성한 붉은색 털을 보고 깜짝 놀랐다. 댄의 다리를 내 무릎 위에 올리고 가까스로 이불 한 자락으로 몸을 덮었다. 깊은 잠에 빠진 댄은 미동조차 않았다. 댄과 나 사이에 몸을 웅크리고 누운 우기는 내 무릎에 머리를 기댔다. 등을 쓰다듬으며 따스한 체온을 느끼자 녀석이 고개를 돌려 뜨거운 애정이 담긴 눈으로 나를 바라봤다. 창을 통해 들어온 햇살에 우기의 얼굴에 난 누덕누덕 기운 상처가 도드라져 보였다. 우리 셋은 그 상태로 꼬박 두 시간을 더 잤다.

그날 늦은 오후, 짐을 싸기 시작하자 우기는 방에 들어와 침대 위에 누워서는 그 자리를 떠나지 않았다. 짐을 다 챙기고 일어서

가방을 들자 비로소 녀석은 침대에서 뛰어 내려왔고, 집을 나서는 순간까지 내 뒤를 졸졸 쫓아다녔다. 분명히 우기는 내가 어딘가 멀리 떠난다는 사실을 알고 마지막 순간까지 최대한 나와 함께 있고 싶어 하는 것 같았다.

물론 우기는 나 말고 다른 많은 사람들과도 의사소통을 했다. 나만큼은 아니어도 아내와 아이들 역시 우기와 메시지를 주고받는다. 녀석의 존재 자체, 외양, 사랑스러운 성격은 만나는 많은 사람을 끌어당겼고, 엄청난 비극을 겪고도 독특하고도 아름다운 성품을 간직하고 있기 때문에 사람들이 우기의 가치를 알아보는 건 어쩌면 당연한 일이었다.

내게는 칼럼니스트이자 작가인 친구가 있다. 수십 년 동안 동물구조협회 일에도 관여해 온 그녀는 얼마 전 이런 말을 했다.

"투견에 관한 이야기에는 행복한 결말이 아주 드물어요. 영감을 줄 만한 이야기도 전혀 없고요."

때때로 우기의 무엇이 사람들에게 그토록 큰 울림을 주는지 궁금할 때가 있다. 아마도 사람들은 각자 녀석과 자신들만의 공감대를 형성하는 것 같다. 어떤 사람들은 우기의 태도에 깊은 인상을 받고 '상냥하다.'라는 말로 녀석을 자주 묘사한다. 특히 끔찍하고 비극적인 경험을 하고도 우기가 보여준 엄청난 회복력과 고요한 품위를 본 사람들은 더욱 그러하다. 몇몇 사람은 우기의 어려움에 맞서는 불굴의 정신을 발견하고 감탄한다. 육체적, 정신적 손상을 입은 사람들 역시 녀석을 보면서 용기를 얻는다. 지옥에 다녀온 것 같은 극심한 고통을 겪은 이 개가 여전히 사람들과 사랑을 주고받을 수 있다면 누구라도 다시 시작하지 못할 이유가 없지 않은가? 어떤 이들은 우기의 삶에 찾아든 두 번째 기회에 감사해 한다. 사람들은 누구나 절망의 순간에 찾아올 두 번째 기회에 대한 희망을 지니고 있기 때문이다.

우리는 인생의 수많은 굴곡 사이에서 균형을 잡아야만 한다. 말하자면 이런저런 극단적인 일을 겪을 때 평정을 유지하기 위해 애써야 한다. 그러나 지금 어떤 상황에 있든 상관없이 인간은 피할 수 없는 비극을 맞이할 수도 있다는 사실을 우리는 알고 있다. 마음을 주며 돌보던 사람이 떠나버리고, 아끼던 애완동물이 안락사를 당할 수도 있다. 사랑하던 사람이 목숨을 잃어 우리 곁에서 영영 사라져 버리고, 질병은 가족과 친구를 끔찍한 방법으로 삼켜 버린다. 날마다 어떤 형태로든 삶이 손상될 가능성은 많은 것이다.

우기가 모든 사람에게 호소력을 갖는 이유는 이 모든 위험이 실제로 세상 곳곳에 도사리고 있다는 사실을 녀석이 직접 보여주었기 때문이다. 얼굴에서 드러나는 끔찍한 손상의 흔적, 설명할 수조차 없는 야만적인 공격 등 결코 극복할 수 없을 것처럼 보이는 우기의 경험 말이다. 그러나 또한 그 모든 것들은 어떤 큰 고통과 상처라도 사랑과 보살핌으로 다시 소생할 수 있음을 보여 주는 증거이기도 했다. 쓰라린 마음과 분노 없이 이 모든 것에 뒤따르는 따뜻한 감사의 마음과 함께 말이다. 우기는 말로 다할 수 없는 공포 뒤에 행복과 사랑, 그리고 희망이 있을 수 있다는 걸 모든 이에게 보여 주었다.

따뜻한 날 근처 작은 마을로 우기와 함께 산책하러 나가면 우기를 보기 위해 어김없이 사람들이 다가온다. 사람들은 녀석을 보며 많은 질문을 던진다. 사람과 동물 모두에게 학대를 당했음에도 여전히 너무나 온순한 녀석의 모습은 모든 사람을 놀라게 한다. 물론 처음 우기와 마주친 사람들은 십중팔구 그가 지금 안전한 상태인지 묻기도 한다. 그 질문에 나는 늘 이렇게 대답한다.

"글쎄요, 녀석은 오늘도 두 사람의 얼굴을 죽기 직전까지 핥았답니다."

녀석은 자신에게 쏟아지는 관심을 즐기고 나는 그런 모습을 바라보는 게 참 좋다. 그것은 말하자면 일종의 보상이다.

나는 우기가 마음껏 뛰어 다니는 모습을 보는 것도 좋아한다. 개들이 많이 뛰어노는 공원에서 녀석을 풀어주는 건 완전히 다른 경험이다. 그것은 나와 녀석의 의사소통 기술을 더욱 굳건히 해주었다. 사실 수년 동안 난 우기의 목 끈을 풀어주는 걸 꺼렸다.

녀석이 줄을 끊고 도망가 영영 돌아오지 않을 거란 생각이 나를 괴롭혔기 때문이다. 사랑하는 존재가 사라지는 게 두려웠다. 그러나 난 두려움을 극복했다. 다른 개들과 어울리는 것을 녀석이 너무나 좋아했기 때문이다. 우기를 풀어준 후, 녀석과 나는 서로를 위해 항상 그 자리에 서 있다는 사실을 확인했다.

우기를 데리고 처음 갔던 공원은 넓은 언덕과 자전거 도로, 개울이 있는 곳이었다. 개의 목줄을 풀어주는 건 공식적으로 금지되어 있었지만, 사람들은 수년 동안 그곳에서 개들을 자유롭게 뛰놀게 해 주고 있었다.

누구에게도 방해받지 않고 기진맥진할 때까지 뛰어다니며 다른 개들과 어울리는 것은 확실히 우기에게 여러모로 많은 도움이 되었다. 공원에 갈 때마다 녀석은 놀이터에서 친구를 사귀는 어린 아이처럼 설레는 것 같았다. 그것은 자극적이면서 동시에 편안한 놀이였다. 공원에서 돌아오면 우기는 깊은 잠에 빠져들곤 했다. 아마도 몸속에 잠재된 사회적, 신체적 욕구를 마음껏 해소했기 때문이리라.

아무리 용맹한 녀석이라도 개울에 들어가는 모험을 시작하기까지는 몇 개월이 걸렸다. 그러나 일단 시작하자 어느 순간 그것은 녀석이 가장 좋아하는 활동이 되었다. 뜨겁고 화창한 날이면 구불구불 흐르는 개울을 따라 첨벙첨벙 걷기도 하고, 물도 마셨다. 때때로 우기는 상류를 따라 30에서 40야드 정도를 걷기도 했는데 그러면 나도 물 밖에서 녀석을 따라 걸었다. 하지만 나란히 걷고 있다 해도 둑길 가장자리에는 덤불이 빼곡히 자라고 있기 때문에 나는 첨벙거리는 소리만으로 녀석의 존재를 확인할 뿐 모습을 볼 수는 없었다.

때때로 우기가 눈앞에서 완전히 사라져 버릴 때도 있었다. 낯선 냄새나 움직임을 감지하고 무심결에 그것들을 따라나서기 때문이다. 그럴 때면 나는 마치 사람들로 붐비는 커다란 쇼핑센터에서 어린 노아나 댄을 놓친 것 같은 두려움을 느꼈다. 그러고는 내가 지를 수 있는 가장 큰 소리로 "우기!"라고 외쳤다. 혹시 귀가 한쪽 밖에 없어 내 소리를 듣지 못할까 봐 걱정하면서 말이다. 녀석이 돌아오면 나는 항상 이렇게 말하고는 한다.

"다시는 이러면 안 돼. 네가 눈앞에서 사라져버리면 난 정말 너무 겁이 난다고!"

언젠가 한 번은 개울가에 한 어머니가 어린 세 딸을 데리고 왔다. 그런데 개울가에서 우기가 짖는 소리가 들려서 보니 어린아이가 물속을 헤치고 걸어가 반대편에 놓인 넓적한 바위에 오르려하고 있었다. 아이 어머니는 우기가 아이를 염려해 짖었다는 사실에 많이 놀랐다. 그녀의 개는 강둑에 네 다리를 뻗고 누운 채 아무런 주의도 기울이지 않고 있었으니 더욱 그랬을 것이다. 어머니가 아이의 이름을 크게 부르는 소리를 듣고서야 우기는 조용해졌다.

또 다른 날은 상류를 향해 철퍼덕거리며 걷는 우기를 따라 나 역시 길을 걷고 있는데 갑자기 덤불 속에서 어떤 개가 튀어나왔다.

"넌 누구야?"

그러고 보니 우기가 없었다.

"우기!"

그런데 녀석이 크게 꼬리를 흔드는 것이 아닌가. 세상에! 그건 악취 나는 회색 오물 덩어리를 뒤집어쓴 우기였다. 녀석에겐 쓰레기 처리 공장에서 나는 냄새가 풍겼다. 우기를 옆에 태우고 집으로 오면서 나는 이렇게 말했다.

"정말이지 넌 나의 사랑을 끊임없이 시험하는구나. 누가 보면 차에 썩은 시체라도 싣고 다니는 줄 알겠어."

대개 우기의 몸에 진흙이 묻으면 재빨리 굳는데, 그러면 나는 따뜻한 수건으로 마치 비닐을 닦아내듯 녀석의 짧은 털을 닦아냈다. 하지만 이번엔 완전히 사정이 달랐다. 집에 돌아오자마자 아이들에게 녀석을 꼭 붙잡으라고 한 뒤 호스로 물을 뿌려 댔다. 그리고 개 샴푸가 묻은 따뜻한 수건으로 녀석을 샅샅이 닦은 후 물로 헹구고 다시 한 번 샴푸로 씻어냈다. 마지막으로 마른 수건으로 털을 말려 주었다.

"더러운 게 거의 씻겨나간 것 같구나. 우리 사이도 이제 예전처럼 가까워질 수 있고 말이야."

어느 날 동네 자치위원회가 끈 없이 개를 공원에 풀어두는 것을 금지한다는 결정을 내렸다. 우기가 마음껏 뛰어놀 공간이 사라졌다는 뜻이다. 수소문 끝에 동네 묘지에서는 개가 자유롭게 뛰어다닐 수 있다는 사실을 알게 되었다. 알고 보니 땅속에 굴을 파는 땅다람쥐가 비석을 상하게 하는데, 개 냄새를 맡으면 땅다람쥐가 겁이 나 그곳을 떠난다고 한다. 어쨌든 우린 몇 번 거기서 시간을 보냈는데 묘지에서의 경험은 공원과는 또 달랐다. 그곳엔 개울도, 함께 어울릴 친구도 없었다. 한 마디로 재미와는 거리가 멀었다. 우기는 묘지가 특별한 장소라는 사실을 감지한 듯했다. 묘지 사이를 걸어 다니며 결코 이리저리 헤매지 않았다. 뛰어다니지도 않았다. 망자의 삶과 인간 존재의 연약함, 따뜻한 위로의 필요성을 느낀 걸까?

얼마 후 우리는 너무나 다행스럽게도 근처 동네에 개를 풀어놓을 수 있는 작은 개울이 흐르는 공원이 있다는 사실을 알게 되었다. 그곳에서는 밤낮으로 개들이 뛰어다니고 물건을 물어오며 데굴데굴 구르고 서로서로 쫓아다녔다. 한 번은 서른 마리에 가까운 개들이 전속력으로 뛰고, 천천히 걷고, 신이 나게 놀기도 했다. 모양도 크기도 색깔도 종도 전부 제각각이었다. 어떤 종은 생전 들어보지도 상상해 본 적도 없는 생소한 것들이었으니 한 마디로 '개들의 천국'인 셈이었다. 개 주인들은 다른 개들을 지켜보았고, 그 개들의 이름을 다 알고 있었으며, 마치 자신의 개에게 하듯 안아 주고 키스를 퍼부었다. 공이나 프리스비를 던지기도 했고, 물을 주기도 했다. 개들이 진흙 묻은 발로 다가와 키스해도 누구도 당황하거나 화내지 않았다. 개 주인이 와서 사과하면 상대는 아마도 이렇게 말할 것이다.

"정말 괜찮습니다. 우린 모두 개들을 사랑하기 때문에 이곳에 온 거잖아요."

우기는 다른 개들과 함께 달리고, 무리를 지어 뛰어다니고, 뒹굴고, 털썩 주저앉았다. 쏜살같이 질주하는 우기의 모습은 오래된 영화 속에 나오는 힘센 기관차를 연상시켰는데 그럴 때면 녀석은 힘 그 자체, 움직이는 근육 덩어리처럼 보였다. 달리는 건 녀석에게 무엇보다 큰 기쁨을 주었다. 만나면 늘 함께 노는 친구들도 몇 마리 생겼다. 녀석은 보안관이라는 별명도 얻었는데 몇몇 개들이 말썽을 일으키면 어김없이 현장으로 달려가 상황을 파악하고, 먼저 공격한 개를 뒤로 물러서게 하기 때문이었다. 문제가 해결되고 평화가 찾아들면 우기는 다시 놀던 곳으로 돌아갔다.

줄을 풀고 돌아다니면서 우기는 더 많은 감각을 발달시켰다.

돌아다니고 탐험하며 내가 맡지 못하는 냄새들을 맡았다. 여기저기 얼쩡거리다가도 언제 그렇게 힘이 넘쳤느냐는 듯 부드럽게 꽃냄새를 맡고, 우거진 나무와 수풀 사이를 천천히 배회했다. 공원에서 녀석은 아주 독립적이었다. 그러나 집에 돌아오면 언제 그랬냐는 듯 늘 가족들 곁에 붙어 있고 싶어 하고, 관심 받고 싶어 하는 막내로 돌아왔다.

줄을 풀고 혼자 다니면서 우기는 안에 숨어 있던 자신감을 발견한 것 같았다. 다른 개들과 어울리는 것도 고요한 숲 속을 혼자 거니는 것도 마찬가지다. 그곳에선 개울 흐르는 소리, 새들의 지저귐, 개구리 울음, 곤충의 바스락거리는 날갯짓도 들었다.

이제는 녀석을 밖에 풀어놓아도 걱정되지 않았다. 어떤 개가 이보다 더 독립적이고 멋질 수 있을까? 게다가 녀석은 내가 아무리 풀어놓아도 결코 내 곁을 떠나지 않을 것이었다. 오죽하면 나는 아내와 아이들에게 죽은 후 그 공원에서 장례를 치르고 유골을 뿌려 달라고 부탁했다. 그곳은 나와 우기의 관계를 한층 더 두텁게 만들어 준 의미있는 장소였다.

"내 유골과 함께 우기의 유골도 함께 뿌려 주려무나."

"우리 집 마당에 묻힌 다른 애완동물들 곁에 묻히고 싶지 않으세요?"

노아의 질문에 나는 이렇게 답했다.

"그때까지 우리가 이 집을 소유할지도 알 수 없고, 어쨌거나 난 우기와 함께하고 싶구나. 우린 아주 특별하게 연결된 사이니까."

"아빠 마음 이해해요."

아이들은 우기와 나를 번갈아 바라보며 웃고 있었다.

10

다시 시작해 볼까?

곧 아이들은 대학에 진학한다. 그러면 나는 아침 일찍 일어나 아이들의 아침 식사를 준비할 일도, 아이들에게 필요한 물건을 사거나 빨래를 할 일도, 저녁 시간 텔레비전 프로를 두고 신경전을 벌일 일도 없어진다. 우리 부부는 아이들의 운동경기를 관람하러 가는 시간에 다른 일을 할 수도 있을 것이다. 변화는 일상의 아주 작은 부분에서부터 시작될 것이고, 그것들은 때론 우리를 놀라게 하고 아련한 추억에 잠기게도 할 수 있으리라.

   노아와 댄은 여러 개 학교에 함께 입학 허가를 받았지만 서로 수천 마일 떨어진 학교로 진학하기로 했다. 노아는 집 근처에 있는 명문대학에서 성적 장학금을 받았다. 그곳은 또한 막강한 라크로스팀으로도 유명한데, 그곳에서 선수로 활동하며 경영학을 전공하고 체육 교육을 부전공하게 되었다. 졸업 후에는 라크로스 팀 코치로도 활동할 수 있다니 잘된 일이 아닐 수 없다. 댄은 역시 대학 선택에서도 도전적이었다. 지금까지와는 다른 문화적 체험을 하고 싶어 했고, 결국 동부를 떠나 서부에 있는 학교에 진학했다. 모험심이 충만한 이 아이는 학과 선택도 형사 행정학을 전공으로 선택했다.

아이들은 처음으로 서로에게서, 가족에게서, 우기에게서 떨어져 지내는 경험을 하게 될 것이다. 나와 제니퍼가 할 일은 부디 그들이 잘 적응하길 기도하면서 지켜보는 것뿐이다.

지난 18년간 자유시간이라고는 거의 없었던 나는 예전보다 훨씬 더 많아진 여유를 우기가 치료견 자격증을 따는 훈련을 시키는 데 할애하기로 했다. 녀석이 병원에 있는 아이들이나 부상당한 군인들을 치료할 수 있는 자격증을 따면 좋겠다는 생각은 늘 하고 있었다. 어쩐지 이 녀석은 다른 치료견보다 훨씬 더 많은 일을 할 수 있을 거란 믿음이 있기 때문이다. 아마도 육체적, 정신적 상처와 우울증, 미래에 대한 불안감 등과 싸워야 하는 사람들 모두 우기를 통해 도움을 받을 수 있을 것이다. 외모 때문에 고민하거나 사람들의 시선이 두려운 사람에게도 마찬가지다. 녀석은 어려움을 겪고 있는 모든 사람에게 큰 용기와 영감을 줄 수 있을 것이다.

자신이 어떤 일을 하게 될지 아직 감을 잡지 못하고 있는 우기에게 나는 종종 이렇게 말하고는 한다.

"육체적, 정신적 상처와 훼손이 자신이 누구인지 정의하는 건 아니라는 사실을 너처럼 잘 말해 줄 수 있는 존재는 없을 거야. 눈에 보이는 것보다 중요한 건 바로 내면이라는 사실 말이야. 그건 충분히 자랑스러운 거야. 알겠니?"

사실 문제는 우기가 아닌 나였다. 녀석은 언제나 모든 일에 열정적이었고, 자신감이 온몸에 흘러넘쳤지만 정작 나는 아직 내가 준비가 덜 되진 않았을까 고민이었다. 하지만 나는 우기를 위해, 그리고 우기를 필요로 하는 많은 사람을 위해 다시 한 번 마음을 다잡았다. 어느 날 공원에서 만났던 한 간호사의 경험을 믿어 보기로 했다.

"곧 적응하실 거예요. 진심만 있다면 다 그렇게 되더라고요."

치료견이 되기 위해서는 수 시간에 걸친 복종 훈련을 받아야만 한다. 공인된 단체로부터 테스트를 받는데 주인의 명령에 복종하고 어떤 상황에서도 침착한 모습을 보여 주어야만 통과할 수 있다. 앉고 일어서는 간단한 명령어의 습득과 지시에 따라 걷는 훈련 외에도 우기에겐 가장 어려울 훈련이 남아 있었다. 주인이 멀리 떠나도 그 자리에 꼼짝하지 않고 있다가 명령어가 들릴 때 비로소 움직여야 했다. 쇼핑 카트가 옆을 지나가든 볼펜을 떨어뜨리든 유리컵이 깨지든 다른 개가 얼쩡거리든 상관없이 개는 자리를 떠서는 안 된다. 아드모어 동물병원에서 수십 년의 경력을 지닌 전문 훈련사를 소개해 줬는데 개 훈련법에 관해 몇 권의 책을 쓴 저자이기도 했다. 나는 그와 함께 개와 인간의 관계에 대한 대화를 몇 시간 동안 나누었는데 그는 우기의 상태에 대해 많이 놀라고 있었다.

"사실 녀석의 부상 정도가 이렇게 심할 거라곤 예상하지 못했어요. 한쪽 귀가 없다는 사실은 알았지만 얼굴 구조 자체가 이렇게까지 손상을 입었을 줄이야!"

훈련은 매듭이 지워진 끈에 달린 테니스공을 이용한 놀이로 시작되었다. 훈련사가 던진 공을 우기가 물어오면 상을 주는 식이었다. 하지만 여러 번 반복되자 우기는 곧 흥미를 잃고 자리에 그대로 서 주머니에 달린 상만 빤히 쳐다보았고, 훈련은 진전되지 못했다. 크게 실망한 내게 훈련사는 떠나기 전 이런 말로 용기를 주었다.

"레빈 씨와 녀석의 관계는 상호 간의 사랑과 존중에 기반을 둔 것입니다. 서로가 항상 그 자리를 지키고 있을 거란 확신 같은 거 말이죠. 앞으로도 그 확신은 영원히 지속되겠지요. 우린 개 주인들에게 그런 관계를 발전시키라고 말하지만, 실제로 우기와 레빈

씨처럼 성공적인 관계를 맺는 주인은 매우 드물답니다."

사실 나는 우기를 입양할 만큼 우리 가족이 특별한 애견가라고 생각해본 적은 한 번도 없다. 그저 우연히 그 자리에 있었던 것뿐이고, 우기를 입양하고 기른 것에 대해 스스로 좋은 일을 했다고 자부해 본 적도 없다. 우리는 그저 첫눈에 녀석의 매력에 빠졌고, 그것이 서로의 삶을 변화시켰을 뿐이다. 우기는 정말이지 너무나 특별했고, 그 특별함이 학대당한 투견은 입양이 힘들다는 편견을 깨고 녀석을 우리에게 이끌었다.

애완동물을 보면 그 주인에 대해 많은 것을 알 수 있다고 한다. 우기가 우리 가족에 대해 무엇을 알려 줄 수 있을지는 잘 모르겠다. 사람들은 부상당한 개를 입양하는 걸 잘 권하지 않는다. 하지만 우리 가족 뿐만 아니라 내가 보았던 많은 사람은 도움이 필요한 아픈 생명을 외면하지 않았다.

전에 다리가 셋인 개 몇 마리를 만난 적이 있다. 한 마리는 사냥 중에 총에 맞았고, 다른 개는 교통사고를, 나머지 한 마리는 투견이었다. 투견이었던 개는 필라델피아의 거리에서 발견되었는데, 당시 녀석 뒷다리의 절반이 떨어져 나간 상태였고 뼈는 몸 밖으로 튀어나와 있었다고 한다.

어떤 개는 암으로 얼굴 일부를 잃었는데, 주인은 성형수술로 녀석의 얼굴을 복구해 음식을 제대로 씹어 먹을 수 있게 해 주었다. 그런가 하면 뒷다리를 움직이지 못하는 잭 러셀 테리어 종도 있었다. 그 개의 주인은 거금을 들여 바퀴가 두 개 달린 일종의 휠체어까지 제작했다. 어떤 사람은 온몸에 담뱃불로 지진 상처가 난 떠돌이 개를 입양했고, 단지 새끼 중에서 가장 작고 허약하단 이유만으로 죽음에 처할 뻔한 개를 데려와 키우는 가족도 있었다. 최근에 만난 한 여인은 중병에 걸린 떠돌이 개를 입양하고, 녀석의 치료비를 감당하기 위해 엄청난 돈을 썼다. 그 후에도 그녀는 또 다른 병든 개를 위해 망설임 없이 사재를 털었다.

내가 아는 사례는 극히 일부에 불과하지만 그들은 다른 수많은 이들의 이야기를 대변한다. 그리고 나는 이들을 통해 우리 가족이 우기를 만날 기회를 만들어 준 사람들의 마음을 좀 더 잘 이해하게 되었다. 참으로 야만적인 투견 산업으로 지금도 해마다 수천 마리의 개들이 목숨을 잃는다. 그 현장에서 죽을 수도 있었던 우기가 행복한 삶을 찾을 수 있었던 건 다이앤을 비롯한 많은 이들의 도움이 있었기 때문이다.

나는 어쩌면 우리 아이들 역시 입양되었기 때문에 우기와 좀 더 특별한 관계를 형성했을지도 모른다는 생각을 한 적이 있다. 아이들이 열여덟 살이 되었을 때, 노아와 댄에게 질문을 던졌다.

"너희가 입양되었다는 사실이 삶에 어떤 영향을 주고 있니? 만

약 그렇다면 어떤 식으로 주었는지 말해 줄 수 있겠니? 혹시 너희도 우기처럼 우리에게 '구조' 되었다고 느끼니? 너희가 입양되었다는 사실이 우기와 관계를 형성하는 데 어떤 영향을 끼쳤니?"

나는 아이들의 얼굴을 바라보았다.

"내 질문에 바로 대답하지 않아도 괜찮아. 충분한 시간을 갖고 생각해 보렴. 그리고 너희의 대답이 어떤 것이든 난 받아들일 거란다."

사실 난 아이들이 그 질문에 대답할 거라고 기대하지 않았다. 내가 그들 나이였다면 난 아마 대답하지 못했을 것이다. 그런데 아이들은 달랐다. 먼저 댄이 말했다.

"전 제가 입양되었다는 사실을 골똘히 생각해 본 적이 없어요. 물론 인식은 하고 있지만, 그건 그냥 제 정체성의 일부일 뿐이죠. 제가 백인 남자라는 것처럼요. 제가 만약 백인 남성이 아니었다면 삶이 어떻게 달라졌을까 이런 생각은 하지 않잖아요. 그냥 저는 저인 거죠."

댄은 어깨를 으쓱해 보이며 말을 이었다.

"아빠와 엄마가 제 부모님이 아니라면? 이런 건 더더욱 생각해 본 적 없어요. 지난 18년 동안 기억이 없는 단 사흘을 제외하고 두 분은 항상 제 부모님이셨으니까요. 그렇다고 친부모님이 저를 입양기관에 맡겼다는 사실이 저를 버린 것이라고 생각하지도 않아요. 그분들 역시 저를 사랑했기 때문에 선택하신 거잖아요. 물론 어떤 의미에서 전 구조된 것일 수도 있죠. 우기만큼 위험한 상황은 아니었지만, 우리 집에 오지 않았다면 이렇게 편하게 공부하고 운동할 수는 없었을 테니까요."

나는 녀석의 이야기에 말할 수 없이 감동하고 있었고, 댄의 이야기는 계속되었다.

"그래서 동물들을 구하는 일에 그토록 열성적인지도 몰라요. 만약 제가 입양되지 않았다면… 글쎄요, 그럼 우기와 어떤 관계를 맺었을까요? 그건 확실히 알 수 없지만, 어쨌든 입양되었다는 사실이 녀석과의 관계에 영향을 준 건 확실해요. 우린 똑같은 경험이 있으니까요. 입양을 통해 더 나은 삶을 살 수 있었고요. 제가 사랑받고 보살핌을 받은 것처럼 저 역시 녀석을 돕고 싶었어요."

이번엔 노아가 입을 열었다.

"전 제가 입양되었다는 사실보다 입양 자체가 제게 영향을 주었다고 생각해요. 우리가 지금 여기까지 오기까지의 과정이 너무 놀랍잖아요."

댄과 마찬가지로 노아 역시 자신이 누리게 된 삶에 진심으로 감사하고 있었다.

"덕분에 전 친구를 사귈 수 있었고 걱정 없이 공부도 했죠. 라크로스 캠프와 농구 캠프, 방학 캠프도 보내 주셨고요. 라크로스

클럽에서 뛸 수도 있었고 개인교습까지 받게 해 주셨죠. 열세 살엔 파리 여행까지 했어요. 만약 제가 입양되지 않았다면 이 모든 걸 누리진 못했을 테죠."

잠시 생각에 잠겼다가 노아가 다시 입을 열었다.

"입양되지 않았다면 모든 게 아주 많이 달라졌겠지만 무슨 일이 어떻게 달라졌을지는 모르겠어요. 그냥 제 삶에 만족해요. 중요한 건 그거예요. 그리고 제가 입양되었다는 사실이 우기와의 관계에 영향을 주었다고 확신해요. 우린 모두 우여곡절 끝에 이곳에 왔어요. 골든 크래들에서 전화하기 전까지 두 분은 우리가 존재하는지조차 모르셨잖아요. 우기도 마찬가지예요. 우린 녀석의 존재조차 몰랐지만 살아남아 우리 가족이 되었지요. 이렇게 될 줄 누가 미리 알았겠어요?"

씩 웃더니 노아가 덧붙였다.

"우기는 제 동생이나 마찬가지예요. 입양되었다는 사실은 녀석과 저를 묶는 여러 가지 끈 가운데 하나일 뿐 우리 사이엔 다른 공통점도 많아요."

다행히도 아이들은 내가 바라던 이상으로 자신들의 정체성을 잘 정리하고 있었고, 우기와의 관계에서도 바람직한 가치들을 발견해 가고 있었다.

"우기를 구한 건 제가 아니에요. 전 녀석을 그저 집에 데려온 것뿐이죠. 어떤 마음씨 착한 경찰이 우기를 구했고, 진실을 말하자면 우기가 날 구해 준 거죠."

누나의 죽음과 이에 대처하는 부모님의 반응은 회복 불가능할 정도로 내 남은 인생에 큰 영향을 끼쳤다. 어렸던 내가 누나 대신 죽었으면 좋겠다고 바랐고, 그렇게라도 부모님의 슬픔을 덜어 주고 싶었다. 아버지가 되고 삶의 가치를 깨닫기 전까지 나는 위험이나 죽음과 맞닥뜨려야 비로소 삶을 긍정할 수 있다고 생각했다. 그런 이유로 수년 동안 미국산림협회의 산불 방지 요원들과 함께 일하며, 이 산 저 산을 바쁘게 돌아다니고 산불을 잡기도 했다. 우리는 웃으며 모든 상황에 대처했고, 사실 대단히 위험한 일을 수행하고 있다는 사실을 애써 모른 척했다.

내가 우기에게 한눈에 끌렸던 건 같은 이유라고 할 수 있다. 녀석에게서 내 모습을 보았다고나 할까? 나와 우기는 모두 죽음과 아주 가까이 있었고, 그 경험이 녀석과 나의 관계를 형성했다. 물론 아이들을 만나기 전 좋은 아버지가 될 수 있을지 의심했고, 그래서 아이 갖는 일을 주저했던 것처럼 우기에 대해서도 나는 자신이 없었다. 그저 댄과 노아를 키운 방식으로, 그러니까 우리 부모님이 나를 이렇게 키우셨다면 좋았겠다고 생각했던 방식으로 녀석을 대해 주었다.

우기는 죽음의 위협을 이기고 우리에게 왔다. 그만큼 녀석이 계속 행복하게 살아갈 수 있도록 돌보고 싶다. 앞으로도 나는 우기에게 모든 것을 해 줄 수 있다. 그리고 아마 우기도 나와 우리 가족에게 그럴 것이라 믿는다.

저자의 글

사랑은 마지막까지 첫 마음을 지켜 주는 것

  우리 부부는 아이들의 졸업 선물로 특별한 것을 주고 싶었다. 그래서 찾아낸 것이 일일이 손으로 만든 이제 막 항해를 떠날 채비를 마친 배 조각상이었다. 배의 전체적인 모양은 길고 바닥 부분은 평평했는데, 이집트의 파라오들이 습지로 사냥을 나갈 때 탔을 법한 배였다.

  미리 제공한 사진을 보고 조각가는 배에 댄과 노아, 우기를 닮은 상도 조각해 넣어 주었다. 배에는 붉은 셔츠를 입은 노아와 한 손을 노아의 어깨에 걸치고 있는 파란 셔츠를 입은 댄이 새겨져 있는데, 이는 서로를 향한 굳건한 지지를 상징했다. 또한 확신에 찬 표정으로 앞으로 다가올 내일을 정면으로 응시하고 있는 둘의 모습은 이제 막 서로를 떠나 긴 항해를 나서는 아이들에게 또 다른 의미가 있을 터였다.

아이들의 배는 언제나 그렇듯 서로 닮았지만 둘을 구별하는 차이점도 있었다. 먼저 배의 색깔이 달랐고, 한쪽 배의 머리에는 평화를 상징하는 비둘기가 다른 쪽 배에는 근면과 성취를 상징하는 꿀벌이 장식되어 있었다. 그리고 작가 '그래이엄 그린'의 글이 양쪽 배의 바닥에 새겨져 있었다.

"어린 시절 문이 열리고 새로운 미래가 들어 오는 순간이 찾아온다."

당연히 우기 역시 아이들의 배에 등장한다. 우기는 오른쪽 귀를 쫑긋 세운 채 둘 앞에 앉아 있다. 아이들과 마찬가지로 녀석도 두려움 없는 표정으로 앞을 바라보고 있다. 둘의 삶에서 우기는 빼놓을 수 없는 존재였고 앞으로도 그럴 것이다. 우기 덕분에 아이들은 유일하고 예외적인 경험을 할 수 있었다. 서로를 향한 사랑은 변치 않는 의미를 간직할 것이다. 언제나 그랬듯이 우기는 아이들을 지켜 줄 것이고, 아이들 역시 언제나처럼 녀석을 바라보며 지켜 줄 것이다.

배는 아이들의 새로운 모험을 상징하는 것이다. 지금까지 있었던 모든 일은 지금 이 순간을 위해서가 아니었을까? 나와 아내는 아이들을 데려와 홀로 항해할 수 있을 때까지 돌봐 주었다. 그러나 이제 아내와 나는 아이들의 배에 타지 않기로 했다. 아이들이 뒤돌아 보면, 해변에 선 우리의 모습이 보일 것이다. 손을 흔드는 나와 제니퍼의 모습은 점점 작아져 사라지리라.

아이들이 대학으로 떠났고 우기는 6년 하고도 6개월 만에 소년들과 떨어져 잠자리에 들어야 했다. 댄이 노아보다 일주일 먼저 떠났고 댄이 떠나기 전날, 우기는 댄의 방에서 혼자 잠들었다. 다음 날 입으려고 꺼내 놓은 옷 위에서 말이다. 노아가 떠나기 전날에도 녀석은 똑같은 행동을 했다. 우기는 노아의 방에서 혼자 잤고, 녀석의 밑에는 다음 날 입고 가려고 챙겨 놓은 옷이 깔려 있었다.

뭔가 일상적이지 않은 일이 벌어지고 있다는 사실을 녀석은 감지한 것 같았다. 처음에는 우기가 아이들을 잊지 않기 위해 체취를 흡수하고 있는 것이라고 생각했다. 그러다 문득 이런 생각도 들었다. 어쩌면 녀석은 자신의 체취를 아이들의 옷에 남기고 있는지도 모른다! 다른 개들에게 이 옷을 입은 소년은 자신의 것임을 확실히 알리기 위해 말이다. 이유야 어찌 됐든 우기는 자신을 우리 삶에 아로새겼듯 자신의 존재를 아이들의 옷에 새겨 넣었다.

우리가 자주 찾았던 한 공원에서 공사장의 인부를 만난 적이 있다. 그들은 개울가의 나무 그루터기에 앉아 쉬고 있었는데 아마도 작은 불도저로 깨진 유리와 오래된 타이어, 벽돌 조각, 그 밖의 갖가지 쓰레기들을 옮기는 작업을 하는 것 같았다. 그중 책임자로 보이는 사람은 마치 소화전처럼 다부진 모습이었다. 소매

부분을 뜯어내 훤히 드러난 팔에는 색색의 문신이 새겨 있었고, 길고 검은 머리에는 두건을 쓰고 까칠한 턱에는 두꺼운 고리를 매달고 있었다. 그런 그가 인상과는 달리 우기를 보자 반가운 인사를 건넸다.

"안녕! 이름이 뭐니?"

남자는 우기에게 무슨 일이 있었느냐고 물었고 나는 설명해 주었다. 우기가 도고 종에 속한 개라고 하자, 그는 무슨 말인지 금방 알아차렸다.

"아, 도고로군요!"

"도고라는 종을 아는 사람은 정말 드물어요. 지금껏 여섯 명 정도만이 그 종에 대해 알고 있었답니다."

5분쯤 더 이야기를 나누다가 자리에서 일어났다. 저녁 식사를 준비하고 아이들의 숙제를 도와주어야 했기 때문이다. 그러자 남자가 갑자기 앉아 있던 그루터기에서 내려와 우기에게 걸어왔다. 무릎을 꿇고 앉은 남자는 손으로 우기의 얼굴을 감싸 쥐었다. 그러고는 손으로 부드럽게 얼굴을 매만지고 귀 뒤쪽을 어루만지다가 엄지손가락으로 녀석의 상처 자국을 조용히 문질렀다. 우기의 눈을 들여다보며 남자는 고개를 끄덕였다.

"정말 대단한 녀석이야."

그의 말은 사실이었다.

옮긴이의 글

나를 부끄럽게 한 개, 우기

학대받는 동물이나 아이들, 여성의 이야기는 언제나 우리 가슴을 아프게 한다. 설혹 누군가에 의해 구조된다 한들 마음은 여전히 불편하다. 한 번 입은 상처는 좀처럼 지워지지 않는다는 사실을 잘 알고 있기 때문이다.

여기 상상할 수 있는 가장 끔찍한 학대를 당한 어린 강아지 한 마리가 있다. 태어난 지 불과 3개월이 안 된 이 작은 강아지를, 투견꾼들은 미끼견으로 사용했다. 투견들의 호전성을 자극하기 위해 우리 속에 던져진 녀석은 온몸이 갈기갈기 찢긴 채 가까스로 구조된다. 한쪽 귀가 완전히 떨어져 나가고 얼굴의 반이 거의 사라져 버린 강아지는 근처 동물병원으로 옮겨져 안락사를 기다리고 있다.

이곳에서 녀석과 이 책의 저자 래리 레빈의 운명 같은 만남이 시작된다. 래리 레빈은 두 명의 아이를 입양해 키우고 있는 다정다감한 성격의 변호사다. 그러나 겉모습과 달리 그의 내면은 해결하지 못한 상처로 외롭고 쓸쓸하다. 레빈은 냉정한 부모 밑에서 따뜻한 가족의 정을 느껴보지 못하고 자랐다. 특히 누이의 죽음과 그 사건을 대하는 부모의 태도는 씻을 수 없는 상처를 남겼다. 레빈의 부모는 솔직하게 슬픔을 나누고 진정한 위로를 주고받는 대신 누이의 죽음 자체를 없었던 일처럼 치부하며 가식적인 삶의 방식을 강요했다.

'누나 대신 내가 죽었어야 했는데.'

감수성 풍부한 어린 소년은 죄책감을 안은 채 성장한다.

그런 레빈의 눈에 피투성이의 기괴한 강아지 한 마리가 들어오고 녀석과 레빈의 가족은 첫눈에 사랑에 빠진다. 이미 너무나 많은 피를 흘려 가까스로 숨만 붙어있는 상태였던 강아지는 레빈과 아이들을 보자 세차게 꼬리를 흔들기 시작했고 순식간에 달려와 격렬한 키스를 퍼붓는다.

이 장면은 참으로 놀라운데, 왜냐하면 녀석은 태어나서 단 한 번도 누군가의 사랑이나 호의를 경험해 보지 못했을 것이기 때문이다. 그렇다면 녀석은 어디서 사랑하고 신뢰하고 애정을 표현하는 방법을 배운 걸까?

그날부터 레빈 네와 우기(저자는 녀석에게 우기라는 이름을 붙여 주었다)는 가족이 된다. 책은 그들이 만들어 가는 일상의 이야기다. 흥미로운 점은, 눈에 보이는 극심한 상처를 지닌 쪽은 우기지만 이 책은 근본적으로 우기를 구원한 레빈 가족의 이야기가 아니라 레빈 가족을 구원한 우기의 이야기라는 사실이다. 다정하고 상냥한 성품, 고통을 인내하며 품위를 잃지 않는 태도, 강한 충성심과 가족에 대한 절대적인 사랑과 신뢰. 레빈과 입양한 쌍둥이 아들 노아와 댄은 우기를 통해 마음 깊은 곳에 숨겨둔 상처를 치유하고 사랑하고 신뢰하는 법을 배운다. 녀석과 가능한 거의 모든 시간을 함께 보내며, 아픈 몸을 어루만지고, 이런 저런 실수와 말썽을 애정 어린 눈으로 받아 주면서 그들의 시간은 하루하루 더욱 충만해진다.

이 책을 번역하면서 우기에게서 일종의 신성神性을 엿보았다고 한다면 과장된 표현이라는 핀잔을 들을까? 그것을 무엇이라 표현하든(예컨대 단순히 인간과 같은 자의식을 갖지 못한 동물적 특성이라 한다 해도) 우기가 들려주는 놀라운 이야기에는 인간이 생각할 수 있는 범위를 뛰어넘는 무언가가 존재한다고 나는 생각한다. 극심한 정신적, 신체적 상처, 일그러지고 불구가 된 몸, 사람들의 불편한 시선에도 불구하고 사랑할 수 있는 능력은 손상되지 않을 수 있다는 것. 가장 처참한 역경이 가장 큰 축복이 될 수 있다는 것. 결코 치유될 것 같지 않은 상처 또한 스스로 포기하지 않는다면 어느 날 하늘의 선물처럼 따뜻하게 어루만져질 수 있다는 것.

책을 번역하는 내내 내 마음을 사로잡은 것은 사실 부끄러움이었다. 살아오면서 얼마나 많은 핑계를 대며 사랑하지 못하는 내 자신을 합리화해 왔는가? 어린 시절의 상처 때문에, 부모 때문에, 외모 때문에, 사회 때문에, 학벌 때문에, 집안 환경 때문에, 남편 때문에, 아내 때문에… 나뿐 아니라 누구나 이런 핑계거리 하나쯤은 가지고 있으리라.

왼쪽 귀가 없고 얼굴 한 쪽이 일그러져 그로테스크하기 이를 데 없는 우기의 사진은 내게 낯선 방법으로 부끄러움을 가르쳐 주었다. 녀석의 건강과 행복이 오래오래 계속되기를 기도한다.

2011년 음력 설날, 얼바인에서
한세정

KI신서 3137
세상에서 가장 못생긴 개 우기

1판 1쇄 인쇄 2011년 2월 18일
1판 1쇄 발행 2011년 2월 25일

지은이 래리 레빈 **옮긴이** 한세정
펴낸이 김영곤 **펴낸곳** (주)북이십일 21세기북스
출판콘텐츠사업부문장 정성진 **출판개발본부장** 김성수 **인문실용팀장** 심지혜
기획편집 박혜란 **해외기획** 김준수 조민정 **디자인** 박선향 **일러스트** 코코아치즈(윤파랑)
마케팅영업본부장 최창규 **마케팅** 김보미 김현유 강서영 **영업** 이경희 우세웅 박민형
출판등록 2000년 5월 6일 제10-1965호
주소 (우 413-756) 경기도 파주시 교하읍 문발리 파주출판단지 518-3
대표전화 031-955-2100 **팩스** 031-955-2151 **이메일** book21@book21.co.kr
홈페이지 www.book21.com **트위터** @21cbook **블로그** b.book21.com

ISBN 978-89-509-2893-3 03840
책값은 뒤표지에 있습니다.

이 책 내용의 일부 또는 전부를 재사용하려면 반드시 (주)북이십일의 동의를 얻어야 합니다.
잘못 만들어진 책은 구입하신 서점에서 교환해 드립니다.